www.ingramcontent.com/pod-product-compliance
Lightning Source LLC
LaVergne TN
LVHW041104150826
845673LV00007B/1917

بنية الخطاب الشعري

في الشعرية العربية المعاصرة

بين الاستعاري والكنائي

الفائز بالمركز الأول

في جائزة الشارقة لنقد الشعر العربي، الدورة الثالثة، 2023.

بنية الخطاب الشعري

في الشعرية العربية المعاصرة

بين الاستعاري والكنائي

منصف الوهايبي

إصدارات دائرة الثقافة، حكومة الشارقة 2024 م

الناشر: دائرة الثقافة - حكومة الشارقة - الإمارات العربية المتحدة
الهاتف: 5123333 6 971+
البرّاق: 5123303 6 971+
الموقع الإليكتروني: www.sdc.gov.ae
البريد الإليكتروني: sdc@sdc.gov.ae

الطبعة الأولى 2024

811.99
و م. ب الوهايبي، منصف
بنية الخطاب الشعري في الشعرية العربية المعاصرة بين الاستعاري والكنائي / منصف الوهايبي.-الشارقة، الإمارات العربية المتحدة : دائرة الثقافة، 2024.
138 ص. ؛ 21x14 سم.
الفائز بالمركز الأول بجائزة الشارقة لنقد الشعر العربي، الدورة الثالثة، 2023.
1. الشعر العربي – تاريخ ونقد – العصر الحديث
2. الشعر الحر – تاريخ ونقد
ب.جائزة الشارقة لنقد الشعر العربي(3 : 2023)
أ. العنوان

ISBN:978-9948-767-13-8

توطئة

يأتي تخيّر هذا الموضوع «بنية الخطاب الشعري في الشعريّة العربيّة المعاصرة» في إبّانه، بعد أن عرفت هذه الشعريّة تحوّلات كمّيّة ونوعيّة «استثنائيّة» منذ النصف الثاني من القرن الماضي وما قبله، إلى أيّامنا؛ بما يقتضي تأصيل السؤال في سياقه التاريخي والحضاري، بعد أن آلت «الحداثة الأدبيّة» لدينا إلى ما آلت إليه من اضطراب غير يسير في تلقّي الشعر والإقبال عليه. ومن سوء الظنّ والتقدير أن نعدّ سؤال المعاصرة من المتعاود الثقافي، أو هو من المسائل المحسومة؛ ففي عدد من الشهريّة الفرنسيّة «ماغزين لتيرار» مخصوص بالشاعر الفرنسي «مالارميه» يستعيد الباحثون الأوروبيّون طرح سؤال الحداثة أو المعاصرة وتاريخها، ويعودون له وعليه؛ وكأنّهم في حلّ من المسألة التي شغفتهم في العقدين الأخيرين من القرن العشرين أي «ما بعد الحداثة»[1].

وسؤال المعاصرة وهو في جانب منه سؤال الحداثة نفسها، سؤالنا جميعاً، على أن نتحدّث بصوتنا ونرى بأعيننا؛ حتّى ونحن نتمثّل بالمنجز النقدي والفلسفي الغربي ونستأنس به، وهل نحن سوى

كائنات تطمح إلى أن تشارك في الكوني، عسى أن تكون من قوادحه؛ فإن تعذّر فمن ومضاته في «رهان المنافسة العالميّة»، وبعبارة أدقّ «الكونيّة» من حيث هي قيمة إنسانيّة تتناسب وثراء الوجود الإنساني أو غناه، وهي لا تعني بأيّة حال «العولمة» من حيث هي استيطان مقنّع في أرض الآخر. وقد لا يماري أحد في أنّ الشعر عامّة فنّ كونيّ يجري في أفق من الوجود مفتوح أبداً. وهذا «المفتوح المُشرع أبداً» هو الكلّيّ، ومثل هذا لا يقال ولا يحدّ في مفهوم. فإذا ما قيل أو حُدّ فعلى سبيل الافتراض، ليس إلّا. على أنّ ترسم الخطّ الزمني في رصد مراحل الشعريّة العربيّة المعاصرة؛ ليس بالوضوح الذي نتصوّره؛ وكأنّنا ننتقل في الشعر مثلاً صعوداً من قصيدة البيت (العمودي وهي تسمية خطأ) إلى قصيدة التفعيلة فقصيدة النثر، أو الهايكو. وهو تصوّر خطّيّ لا يستقيم، إذ الأمر ليس بهذه البساطة. ومناهج النقد الأدبي تتفّق أو تكاد على أنّه من العسير أن تتداخل المستويات التاريخيّة والأدبيّة، في النصّ الواحد، بل إنّ قصيدة النثر سبقت تاريخيّاً قصيدة التفعيلة أو الشعر الحرّ.

والسجال حول «قصيدة النثر» وهي من محاور هذا البحث، أو «الشعر المنثور» إنّما بدأ منذ أوائل القرن الماضي، أي قبل ظهور «قصيدة التفعيلة» بأكثر من أربعة عقود. والأقرب أنّ «حدث» قصيدة النثر، بدأ مع أمين الريحاني عام 1905 مترسماً والت ويتمان في «أوراق العشب». وهو لا ينكر هذا التأثير، ويرى أن ويتمان خلّص الشعر من قيود العروض والأوزان. وطُرحت المسألة مع العراقي رفائيل بطّي، ثم مع التونسي زين العابدين السنوسي عام

1928 فقد كتب مقالاً وسمه بـ«الشعر المنثور» نبّه فيه إلى أن هذا النمط «يشارك الشعر في خياله وحذلقته (الحذق والمهارة) الرائعة الرقراقة، وإن كان لا يتقيّد بوزن ولا يتسلسل على نظام مخصوص». وهو يؤاخذ بعض كتّاب المشرق الذين يمزجون مزجاً غريباً بين «الشعر المنثور» والسجع العربي المعروف و«الأبيات الحرّة» وهي غير النثر الشعري، إذ إنها تمتاز عليه بالاتّزان؛ وإن اشترط فيها عدم التقيّد بوزن بعينه[2].

ولعلّ حسّا نقديّاً مُدرّباً، أن ينبّهنا إلى أن الزمنيّة الخطيّة لا تناسب الزمنيّة الشعريّة، وأنّ هذه الزمنيّة لا تتوزّع إلى ماضٍ وحاضر ومستقبل، وإنّما هي على ما نرجّح، حاضر أبديّ؛ ولا يحتاج الشعراء ولا النقّاد، بموجبها إلى أن يعيدوا إحياء الشعراء «الموتى» فهم حاضرون في القصائد، وهم يحاورونهم باستمرار.

وقصيدة «الهايكو»[3] التي نتمثّل لها في عنصر من البحث، تنضوي أيضاً إلى هذا الأفق أو هذا المنظور. والهايكو هو قصيدة وجيزة، وهذا النعت في تقديري أكثر دقّة من قولنا «قصيدة قصيرة». وقد ظهر هذا الجنس في اليابان أواخر القرن السابع عشر، وكان في شكله الأقدم أو الكلاسيكي يتوزّع إيقاعيّاً على ثلاثة أسطر: قصير سريع فطويل بطيء فقصير سريع. لكن هذا التوزيع تغيّر عند المعاصرين، ولم يعد للهايكو ضابط وزني أو إيقاعي، وصار أشد إيجازاً أو اقتضاباً؛ في حين أنّ له طقوسه وقواعده المنظّمة في الشعر الياباني. من ذلك أنّه يقتضي كلمة بعينها تحيل على فصل من فصول السنة، ووَقْفاً في منتصف البيت يؤدّيه ما يشبه المطّة أو

الخطّ الصغير، علامة على وقفة أو صمت أثناء الإنشاد، أو توتّر بين السطر وباقي القصيدة؛ وهي التي تنهض بفكرتين أو صورتين متجاورتين لا تصل إحداهما بالأخرى أيّ أداة رابطة. وهذا يشبه في جانب منه اصطلاحات ضبط الآيات في القرآن وعلامات الوقف مثل وضع الصفر فوق حرف العلّة للدّلالة على زيادة ذلك الحرف فلا ينطق به في الوصل، ووضع خاء صغيرة بلا نقطة فوق أي حرف للدّلالة على سكونه؛ وما إلى ذلك مثل الوقفات والسكنات التي تشير إليها بعض المصاحف بعلامة صغيرة فوقها (س) حتى يراعيها القارئ، وتحْدثُ عنها نغمة مختلفة عن النغمات السابقة.

والهايكو هو باختصار شديد طريقة في التقاط اللحظة (هنا/ الآن) أو العابر أو الفريد الزائل؛ من «إزهار» فجائي أو مباغت، حتى لا تذهب بذهاب الكلام ولا تنطوي بانطوائه؛ وهو الذي ينضوي أبداً إلى الماضي، ويكون حيث لا يكون.

على أنّ ما يعنينا في السياق الذي نحن فيه، أنّ للهايكو أصولاً وقواعد؛ ويكاد يكون صورة من «البيت المفرد» القائم في شعرنا على جمالية تأليف الغريب، أو «البيت المقلّد» (من القلادة) باصطلاح ابن سلّام في طبقات الشعراء(4)؛ أي المستغني بنفسه.

ذلك أنّ البيت المقلّد القائم على اللمحة التصويريّة دون الصورة الكلّيّة المستأنية، هو البيت الذي يُدرك سماعاً كما تنمّ على ذلك سائر أقوالهم في التصدير والتوشيح والتسهيم ورد العجز على الصدر.

نقول إذن إنّه ضمن الوعي بأنّ الشعريّ قائم على التداخل، يكون

منشدّاً إلى نفسه مثلما هو منشدّ إلى سابقه بل لاحقه؛ إذ هو ينشأ «قرائيّاً» حيث القراءة ترافق الكتابة، أي أنّ الشاعر يكتب وهو يقرأ. ولعلّ هذا ما يسوّغ القول إنّ القراءة استئناف لإنشائيّة الأثر، والأثر الشعري هو في صميمه ذو طبيعة «قرائيّة»؛ فهو لا ينشأ كتابةً أو تشكيلاً أو تنغيماً؛ ثمّ يُقرأ؛ إنّما هو ينشأ منذ البداية قرائيّاً، ينشأ وهو يَقْرأ موادّه وخاماتِه وكلّ ما يدور في فضائه، حيث القراءة (قراءة المنشئ لا الناقد) تداخل الكتابة. يكتب السيّاب «أنشودة المطر» وهو يقرأ أديث ستويل[5]، ويكتب أدونيس «مفرد بصيغة الجمع» وهو يقرأ الرمزيّين والسرياليّين الفرنسيّين من بودلير إلى بروتون. ولكنّ هذا الأثر يقرأ ما يقرأ أساساً بحسب ما تمليه عليه طبيعة جنسه، وبحسب ما يستعيره من عناصر من الأجناس في سياق التراسل أو التجاوب أو التناصّ. ولعل هذا ما يحسن أن نتقصّاه في أكثر شعرنا الحديث وفي قصائد النثر على نحو ما يقوله س. موريه: «الشعر عند أنسي الحاج وشعراء قصيدة النثر... تغلب عليه الرؤى والصور اللامعقولة التي توحي باضطراب عالم الشاعر الداخلي وتشوّشه؛ وتشبه هذه الصور ما يلوح من أوهام ورؤى للخيال المتحرّر بالنّوم، من سلطان الوعي ورقابته، بطريقة تجعل الشاعر العربي أكثر اقتراباً من السرياليين...»[6] وهذا مما يقتضي بعض إفاضة في توضيح النظرة الفنّيّة التي يستمدّ منها شعراء النثر مواقفهم؛ وهي تخالف تلك العناصر الأربعة في بناء الصورة قديماً: المعنى الحقيقي والمدلول المجازي وعلاقة المشابهة والقرينة. والصورة اللامعقولة أو «السرياليّة» لا قرينة لها سوى المعنى الانفعالي، أو الرمز غير

المتجانس. ومع ذلك فنحن دائماً أحوج ما نكون إلى التمييز بين المفهوم والمصطلح، ما تعلّق الأمر بهذه الشعريّة المعاصرة؛

والأوّل هو الحدّ الكلّيّ للظّاهرة المدروسة، وعمل الفكر عامّة، أو عمل الفكر الفلسفيّ حصراً أو النقدي في السياق الذي نحن به. وأمّا المصطلح فمن عمل التّواضع الجمعيّ. أي أنّ ما نصطلح عليه قصيدة بيت أو قصيدة تفعيلة أو قصيدة نثر أو قصيدة بياض أو هايكو؛ لا نصطلح عليه كذلك، لأنّنا خبرنا ماهية هذه أو ماهية تلك، أو لأنّنا وقفنا على حقيقتها، وإنّما لأنّنا «نحْدس» في ما بيننا خصائص لهذه وتلك تصلها بها، وتميّزها عنها في ذات الآن.

بل إنّ مصطلح «الآداب العربيّة الحديثة» أو «المعاصرة» هو في عمومه؛ حاصلُ سلطان متأتٍّ من خارج موضوع المصطلح: متى بدأت هذه الحداثة أو المعاصرة؟ وأين؟ والذين يصطلحون على هذا الحدّ يصدرون في اصطلاحهم عن مؤسّسات من خارج دائرة الشّعر أو الأدب عامّة؛ وبعضها يلامس أو يُداخل الدّائرة بشكل أو بآخر، ونعني بذلك مؤسّسة النّقد، وبعضها «يتخارج» عنها ولكنّه لا ينفكّ يتدخّل في تحديدها، ونعني بذلك كثيراً من المؤسّسات الاجتماعيّة سواء اتّخذت طابعاً سياسيّاً أو ثقافيّاً أو حتّى اقتصاديّاً (تسويقيّاً) كما هو الأمر في «الأدب الرقمي» أو «الفيسبوكي».

ولنقرّ دون شطط من أيّة «عقدة» حضاريّة، بأنّ المفاهيم الوافدة بما فيها الإنشائيّة أو الأدبيّة أو الشعريّة، غير مؤسّسة في النقد العربي القديم، بل الحديث؛ إذ لا يعدو الأمر أكثر من «نقل» عن المصادر

والمراجع الغربيّة. ولعلّ هذا ما يفسّر كون الأخذ بمفهوم لم يتأسّس بعد لا يخلو من بعض مجازفة، ومن قدر غير يسير من المغامرة؛ بل هو يمكن أن يفضي إلى خلل منهجيّ بسبب الخلط بين التيّارات والاتجاهات، دون سند من اختبار النصوص والاستئناس بها. وهو ما لا يمكن تلافيه، إلّا بشواهد دقيقة؛ تنمّ عن حسّ صاحبها النقدي، ودون أن يتّخذها مسلّمات، أو يغفل عن تحليلها، ويحذر أن يجعل منها حجاباً عن أوجه الاختلاف بين النصوص وهي التي تدور على أكثر من شكل من أشكال التداخل، على ضرورة تنسيب الحكم؛ سواء بين ثقافتين في مستوى أوّل: ثقافة الأذن [ثقافة السلطة] ومثالها الخطاب الشعري التقليدي، وثقافة العين [ثقافة العقل] ومثالها الخطاب الشعري الجديد؛ ثمّ في مستوى المؤثّرات الأجنبيّة، وهي تختلف من بلد عربيّ إلى آخر؛ فالمصري صلاح عبد الصبور مثلاً يصعب أن تُكتنهَ تجربته بمعزل عن مؤثّرات الآداب الأنجلوسكسونيّة (ت.س. اليوت مثلاً) شأنه شأن العراقي بدر شاكر السيّاب، والسوري أدونيس قد تصعب قراءته، إذا نحن أغفلنا المؤثّرات الأدبيّة الفرنسيّة. وقس على ذلك تجارب شعراء آخرين مثل محمود درويش وسامي مهدي وفاضل العزاوي ومحمّد بنّيس وغيرهم ممّن لم يتّسع لهم هذا البحث، على قيمة منجزهم الشعري؛ وإن اقتصرنا على ذكر بعضهم.

وثمّة مصطلحان لا بدّ من أن يؤخذا بالاعتبار كلّما تعلّق الأمر بهذا «التداخل» هما «النادر» و«النسج». والنّادر قديماً هو الثّمين النّفيس الذي يحفظ ولا يقاس عليه؛ وحديثاً هو الجديد أو «الاستثنائي» بعبارتنا. أمّا «النسجّ» فيجسّد لحمة الجماعة القوليّة ومتخيّلها الثّقافيّ

القائم على ثنائيّة النّظر والكلمة بمقتضى قياس مقيّد في اللـّغة، حيث كلمة «نسج» أو «غزل» على وشيحة بالقول أو بالكلام[7]. وثمّة فئات من «القرّاء» لم تتصوّر أنّ هذا المحدث بنمطيه «شعر التفعيلة» و«قصيدة النثر» و«الهايكو» يمكن أن يضع الشعر السابق عليه في موضع الشبهة أو أن ينقض غزله من بعد قوّة أنكاثا[8]؛ في زمن كانت فيه العربيّة قد بدأت بعد في التّفاعل مع اللغات الأوروبيّة منذ أواخر القرن التاسع عشر؛ تلك اللّغات التي ننصت إلى أجراس الفلسفيّ والشعريّ تُقرع في جنباتها وتتصادى في ثنايا اللّغات الأخرى التي تتفاعل معها سواء عن طريق الترجمة أو عن طريق أسلوب الرّواد الذين برعوا في الكتابة بواحدة من اللّغات الأوروبيّة (خاصّة الإنجليزيّة والفرنسيّة) وبلغتهم الأمّ.

مهاد نظريّ

هذا البحث هو إذن محاولة لإعادة ترتيب علاقتنا بالشعريّة العربيّة المعاصرة في نماذج مخصوصة منها، منذ أن برحت مألوف مداراتها في الثلث الأوّل من القرن العشرين؛ عسى أن نوطّئ السّبيل إلى بنية الخطاب فيها، ونفسح مساربه ومضايقه. وهي نماذج من شعر التفعيلة وقصيدة النثر على قلق المصطلحين، تخيّرناها من «تجارب» معاصرة استقرّت أو تكاد؛ ومن نصوص أخرى «استثنائيّة» مثل الهايكو. على أنّه سرعان ما تعترضنا في هذا النّوع من البحث مصطلحاته ومفاهيمه: بنية/ خطاب/ شعريّة/ معاصرة. ونحاول في ما يأتي أن نقف عليها، ونوضّحها، وإنْ في إيجاز يقتضيه حجم البحث.

1 - البنية:

تنهض القصيدة العربيّة الموزونة على سنن ورواسم هي أشبه بصيغ جاهزة مكرورة، تعهّدتها لغة شعريّة خاصّة يمكن أن نسمّيها «اللّغة العليا» التي تشكّلت على يد الشّعراء باستعمال اللّغة استعمالاً مخصوصاً. وهي التي نشأ فيها شعر العرب ودرج؛ في بيئة حيث «السّمع أبو الملكات اللّسانية»، فلم تكن المعرفة، بما في ذلك المعرفة الشّعريّة لتكتسب فيها وتتداول إلّا إذا تعاودت وتكرّرت.

ولعلّ الوقوف على مكوّنات «إيقاع الوزن»، أن يعزّز من وجاهة هذا الطّرح. وأهمّ هذه المكوّنات في تقديرنا القافية. فالقافية من حيث هي لازمة إيقاعيّة أو فاصلة إيقاعيّة بين البيت والبيت الذي يليه، أو السطر والسطر الذي يليه في «قصيدة التفعيلة»، لا تعدو في الظّاهر أكثر من أداة في تثبيت الصّوت أو إيقافه، إذ لا يخفي أنّ الصّوت أيّ صوت إنّما ينتج عبر علاقة بالزّمن مخصوصة، فهو يكون حيث لا يكون، أي هو لا يوجد إلا عندما يكون في سبيله إلى الزّوال[9]. والصّوت شأنه شأن الكلمة ينتمي أبداً إلى الماضي.

فالقافية إذنْ «وقفة» (Pause) تستغرق الصّمت الذي يفصل بين البيت والبيت، أو بين السطر والسطر، مثلما تستغرق أذن المتقبّل، وتجعل الصّوت يستأنف عبر رويّها المتعاود، لحظة ميلاده. و كأنّ القافية هي خاتمة البيت وفاتحته في آن، أو هي جرس لا ينبّه المستمع فحسب وإنّما يساعده أيضاً على التّذكّر، أو هي تصطنع «ذاكرة للذّاكرة» نفسها أي ذاكرة الصّوت الذي لا يكاد يشرد من سمع المتقبّل مع بداية كلّ بيت أو سطر حتّى يطرق أذنه ثانية، وهكذا دواليك. فلا غرابة إذن أن تكون القافية حاملة لقوّة إيقاعيّة كبرى، حتىّ إنّ العرب سمّوا القصيدة قافية (تسمية الجزء بالكلّ). بل إنّ الجذر اللّغويّ الذي اشتقّت منه (ق.ف. و) ليؤكّد ما نحن فيه من أمرها، فهو دلالة على نوع من «شعريّة الأثر» و«الذاكرة الإيقاعيّة» وأداة التواصل بين المنشئ والمتقبّل شأنها شأن البيت الشّعريّ نفسه حيث إيقاع الزّمان من إيقاع المكان[10]. فهي التي تثبّت حركة الإيقاع مثلما تثبّت لحظة سكونه، وكأنّها تؤدي بذلك ما تؤدّيه الكتابة عادة، وتقوم مقام حجر

الزّاوية في بنية القصيدة ونظامها الإيقاعيّ (الوزنيّ). وممّا يؤكّد ذلك أنّ جذرها اللّغويّ يحيل على المرئيّ أكثر مما يحيل على المسموع، أو على حاسّة المكان أكثر منه على حاسّة الزّمان[11]. وكأنّ الشّاعر يعتاض بالقافية عن الكتابة. ونقدّر أنّ احتفاظ شعراء «التفعيلة» الكبار مثل السيّاب وأدونيس ونازك السلائكة والبيّاني وصلاح عبد الصبور وحسب الشيخ جعفر وأحمد عبد المعطي حجازي ومحمود درويش وغيرهم بـ«القافية» في كثير من قصائدهم، دون سائر مقوّمات «البيت الشعري»، إنّما يرجع إلى وظيفة القافية. والقافية لازمة إيقاعية في «قصيدة البيت»، ولكنّنا نغفل عن كونها كلمة تحمل نبض الكتابة، كما تدلّ على ذلك الأبيات التي استخدم فيها شعراء العربيّة هذا المصطلح. بيْد أنّه لزام علينا أن نحدّ المقصود بالقافية، فهي ليست تلك المحدّدة تحديداً عروضيّاً، أي هي من «آخر حرف في البيت إلى أول ساكن يليه مع المتحرّك الذي قبل الساكن». وهو تعريف الخليل القائم على لوازم القافية من حروف وحركات[12]؛ إنما المقصود بالقافية في السياق الذي نحن به «آخر كلمة في البيت» أو «الكلام الذي هو آخر البيت»، بل هي «البيت» و«القصيدة» أيضاً؛ وهو من باب تسمية الكلّ بالبعض. فهذه هي المعاني التي يدير عليها الشاعر المأخوذ بالوزن ولوازمه، مصطلح القافية، بل لعل الأصوب أن نقول إنّ القافية موضوع من موضوعات القصيدة وليست مجرّد أداة من أدواتها. فهي تبرح وظيفتها المعنويّة الإيقاعيّة إلى ماهية الشعر نفسه، حيث هي أمارة على الكيفيّة التي تُصنع بها القصيدة ويجوّد البيت.

ولذلك يظلّ تعريف الخليل لها، وهو تعريف عروضي إيقاعي،

أكثر دقّة من سائر التعريفات اللاحقة عليه. وكأنّ الخليل حدس أنّ في القافية شيئاً ما، يستعصي على الإدراك ويتخطّى حجزها في كلمة. فهي صورة زمانيّة ومخيّلة سماعيّة تقع على الدال ولا تستدعي صورة المدلول ضرورة إلّا إذا جرى ذلك اتّفاقاً أو مصادفة أو قصْداً؛ إذ يمكن أن يشكل «آخر حرف إلى أوّل ساكن يليه مع المتحرّك الذي قبل الساكن» كلمة تامّة أو كلمتين. وفي ما عدا ذلك فإنّ إدراك القافية لا يقتضي تماثل الأطياف الصوتيّة المنظومة تماثلاً قويّاً، وإنّما وحدة صوتيّة. فإذا كانت القافية، بمفهومها الخليليّ، تحيل على شعريّة الشّفويّ أو على القصيدة الأقدم التي نشأت داخل أنماط حافزة للتّذكّر، أملت على الشّاعر أن يقول شعراً يمكن حفظه وتذكّره، فما الذي يجعل شعراء الحداثة العربيّة، خاصّة كبارهم، يحتفظون بالقافية، ويصرّون عليها إصراراً عجيباً؟

ونكاد لا نستثني من تحرّر من سلطة القافية سوى أدونيس ومحمود درويش في بعض قصائدهما، وحسب الشيخ جعفر ومحمد بنّيس في القصائد المدوّرة. فهل مردّ ذلك إلى ما يقوله عبد الواحد لؤلؤة من أنّ الروّاد «وقفوا إزاء المؤثّرات الأجنبيّة وقفة مشدوه. لم يسهل عليهم النزول عن كبريائهم، وهم ورثة شعر هو ديوان العرب، لكي يتلقّفوا ما لدى الغرب من فنون الشعر، لذلك تجد أغلبهم حذرين مصرّين على تطعيم موروثهم الشعري بما يأخذون عن الغرب. ونتج عن هذا كون المؤثّرات الأجنبيّة لم تبتعد عن القشرة إلّا قليلاً...». أم هل أنّ في الأمر سرّاً ما خفيّ الشأن، قد لا يعيه الشاعر نفسه؟[13]

إنّ الحاجة إلى التّذكّر هي التي جعلت القصيدة العربيّة تنبني في

هيئة مخصوصة. ونقدّر أنّ وعي هذه القاعدة التذكّريّة التي تجري عليها القصيدة هو السّبيل إلى اكتناه بنيتها قديماً وحديثاً:

– البنية العطفيّة التي تنهض بها القافية فهي بمثابة «واو العطف» التي تعطف البيت على البيت أو السطر على السطر الذي يليه، وتحول دون تداخلهما؛ ولذلك عدّ «التّضمين» أو «المعاظلة» عيباً في القصيدة القديمة وفي نظريّة العمود الشّعريّ. ولا مسوّغ لذلك في تقديرنا سوى كونه مظهراً من مظاهر البنية الكتابيّة التي تعنى بالتّركيب أكثر من عنايتها بالعطف.

فالقافية أداة تجميع تجعل البيت يلوي على البيت دون أن يداخله، والسطر على السطر في قصيدة التفعيلة، في بداياتها خاصّة؛ أو هي تجعل الكلام يأخذ بعضه برقاب بعض، حسب العبارة المأثورة. ولعلّ هذا ممّا أفضى في الشعريّة العربيّة المعاصرة إلى «بنية لولبيّة» في تجارب شعراء من أمثال أدونيس ومحمود درويش وغيرهما ممّن نتمثّل بهم في ثنايا البحث ومنعطفاته؛ وخاصّة الذين أُشتُهروا بـ«مطوّلاتهم».

ورأينا وهو يحتاج إلى بسطة في القول أنّ وظيفة القافية إيقاعيّة على قدر ما هي كتابيّة[14]، فهي بحكم تكريرها تتيح للسّامع أن يظلّ في الصّميم من السّياق الذي يجري فيه الكلام؛ وتتيح له أيضاً استعادة هذا السّياق، مادامت بحكم ثباتها، تحول دون عطب المنطوق؛ وتبني خطّاً من «الاطّراد» داخل بنية «الاستطراد» التي تقوم عليها القصيدة.

– بنية الاستطراد: تبدو القصيدة صورة من فنّ التّوريق العربيّ

أو هي مثل الأحجية الصّينية وكأنّها صناديق داخل صناديق، أو هي ترد في هيئة من العناقيد. وقد يذهب في الظّنّ أنّ هذا الضّرب من الاستطراد من شأنه أن يشتّت انتباه المتلقّي وهو ينقله من موضوع إلى آخر، الأمر الذي يقتضي نوعاً من الاطّراد يجعل المتلقّي منشدّاً إلى «الفضاء السّماعيّ» الذي تجري فيه القصيدة. والقافية إنّما تنهض بجانب من هذا الاطّراد أو التّواصل اللّفظيّ الذي يحكم بنية الشّفاهيّة، لما تتوفّر عليه من ديناميّة الصّوت أو حيويّته، حيث الرّويّ أشبه بصدى يتردّد في جنبات القصيدة.

2 - الخطاب:

قد لا نستطيع أن نفهم الخطاب حقّ الفهم أو بعضه منفصلاً عن إيقاعه. ولا مفرّ لنا في هذا الموقف من أن نفرّق بين الإيقاع ونظريّة في الإيقاع، مثلما نفرّق بين الوزن، ونظريّة في الوزن أو بين الشّعر ونظريّة في الشّعر أو بين هذين والشعريّة. ومادام الإيقاع هو صانع الخطاب وصنيعته في آن: «في الخطاب، الخطاب إيقاع، والإيقاع خطاب»[(15)]، فيمكن أن نباشره في ضوء أربعة عناصر لعلّها ثوابته الأظهر[(16)]؛ وبخاصّة في النصوص التي تخيّرناه، حيث كلّ منها يكاد يكون «مختبراً شعريّاً»[(17)].

أ – الخطاب نظام لغويّ تتضافر كلّ مكوّناته جرساً وصوتاً ونظماً وصورة في إنتاج دلالته، على أنّ هذا البعد «اللّغويّ» في القصيدة له الصّدر دون سائر المكوّنات، فمن حيث الحدّ يعرّف الشّعر في الأغلب الأعمّ باستخدامه الخاصّ للّغة، بمعنى «الفرق» عن «اللّغة

المتداولة» مثلما يعرّف باحتفائه بتماثلات الصّوت والإيقاع والصّورة. وهي مظهر من مظاهر كثافة «اللّغة الشّعريّة» وسمكها. وهو أبعد من أن ينقطع عن نظام ثقافيّ أعمّ يحويه أو يكمن خلفه. على أنّ المراد في السّياق الذي نحن به أنّ هذا النّظام الثّقافيّ لا يكمن في الإيقاع وإنّما في الوزن أو إيقاع الوزن من حيث هو طقس جماعيّ حميم على نحو ما بيّنه حازم القرطاجنّي وهو يصل البيت الشّعريّ بالبيت المضروب للسّكن، على أساس أنّ العرب الأقدمين، وهم يجترحون تجربتهم الشّعريّة الأولى، إنّما قصدوا أن يجعلوا هيئات ترتيب القول ونظام وزنه متنزّلاً في إدراك السّمع منزلة وضع البيت وترتيباته في إدراك البصر[18] أي «قلب السمع بصراً».

ب – الخطاب الشّعريّ «مغامرة لغويّة» تترامى بالقصيدة إلى بعيد الحدود وقصيّ الغايات، ولا نزال نلمح في الشعريّة المعاصرة خروجاً على القواعد التي كانت مرعية في إنشاء القصيدة و«استهانة» قد تكون محمودة، بأوضاع اللّغة وأنساقها. وإذا كان بعض هذه القصائد «مأنوساً»، فإنّ بعضها من الغريب الذي يحصر الفكر ويكدّ الذّهن، ولسنا نعرف، في شعرنا كما هو الشأن في تجربة أنسي الحاج أو أدونيس أو شوقي أبي شقرا، أشدّ منها عنتاً وضيقاً، حيث يقع شعرهم على اختلافه، في خسوف ذاك «القديم» الغابر. والمصادرة التي نأخذ بها في هذه النماذج، أساسها البعد المعرفيّ الذي ينهض في تقديرنا، بشعريّة القصيدة، وبنظام بنيتها وما يصل بين مختلف صورها على نحو لا تهتدي إليه قراءة تكتفي باعتماد «الحساسيّة»[19]، وإنّما العقل (الحسابيّ)[20] أيضاً.

وما يقوله أدونيس عن أبي تمّام «كان الشعر قبله قدرة على التّعوّد والألفة فصار بعده قدرة على التغرّب والمفاجأة...»[21] ليس أبلغ منه في وصف تجربته هو أيضاً؛ الأمر الذي يقتضي استحداث «بويتولوجيا» خاصّة بالشعريّة العربيّة المعاصرة، وقد استحدث هذا العلم في ما يخصّ أكثر من شاعر في بلاد الغرب. ويكفي في هذا المقام أن نستحضر هولدرلين وكيف خصّه النّقد الألمانيّ بنظريّة علميّة في الشّعر.[22] على أنّ هذا مبحث قائم بذاته.

جـ - الخطاب كالإيقاع علاقة مخصوصة بالذّات، وإذا كانت القصيدة خطاباً تؤدّيه «ذات» وجاز القول إنّها «مغامرة لغويّة»، فلا مناص من اعتبارها مغامرة الذّات المنشئة أيضاً، إذ يصعب دون ذلك، أن نفسّر كيف يبني الخطاب إيقاعه الخاصّ، أي دون اعتباره منتوج ذات مفردة، ولكنّها تاريخيّة تجعل من هذا النّصّ فعلاً لغويّاً فريداً خاصّاً[23]. وعليه يكون من السّائغ القول إنّ مفهوم «القيمة» هو الذي يتيح دراسة كلّ الخطابات بما فيها تلك التي نعدّها خلواً من المعنى[24].

3 - الشّعريّة / المعاصرة:

لعلّ أظهر ملحظ نبديه أنّ عبارة «الشعريّة العربيّة المعاصرة» في الموضوع المطروح، غير محدّدة زمنيّاً أي متى تبدأ هذه «المعاصرة»؟ وهل المقصود بها هذا الربع الأوّل من القرن الحالي وبيننا وبينه «حجاب المعاصرة» أم هل المقصود القرن الماضي أم النصف الثاني منه؟ إنّ المعاصرة شأنها شأن الحداثة مصطلح

على قدر ما هي مفهوم، أكانت «مفروضة» بحكم الحاضر وتحوّلاته أو «مرفوضة» بحكم الماضي وثوابته، مفهوم يديره كثير أو قليل منّا، على لسانه بيسر وسهولة؛ فيما هو علميّ «مشكل»، مردّه إلى علم الاجتماع خاصّة والعلوم الإنسانيّة والعلوم السياسيّة عامّة. ونقرّ مع الباحثين من أهل الذكر أنّ حدّه حدّاً جامعاً مانعاً، تنهض في سبيله معوّقات شتّى، ليس من السهل تذليلها؛ وهو المُشرع على معانٍ ودلالات متعدّدة متنوّعة، بل إنّ له وجهاً وقفاً؛ ونعني به «الأصالة» أو «القدامة»؛ بما يجعلنا نقف في مفترق طرق، نحار أيّها نسلك وأيّها نتنكّب. ناهيك عمّا يتسرّب إلى المفهوم من قضايا خلافيّة لا تسلم من الخلط بين الديني والسياسي والإيديولوجي مثل «المقدّس» و«الدنيوي» [المدنّس][25]، و«الأصالة» و«الاغتراب» و«العالمي» و«المحلّي» و«العولمة» و«الكونيّة».

لنقرّ إذن أنّنا إزاء خليط من المفارقات كلّما تعلّق الأمر بهذا «الثالوث»: المعاصرة/ الحداثة/ ونحن لا نتردّد في نعته بمشهد هو «حصيلة تهجين مولّد»، ما أخذنا بالجدل الهيجلي في الجمع بين الطريحة والنقيضة.

ولعلّ مدارسة «ظاهراتيّة الحداثة» أي ظاهراتها كما تبدو، بصرف النظر عمّا وراءها من حقائق، استئناساً بـ«تاريخيّتها»، هي تلك التي نقف عليها في تعريف عبد الله العروي: «ليس بميسورنا فعلاً، أن نخلط بين الحداثة من حيث هي سيرورة، ومن حيث هي إيديولوجيا وبين الحركة الاجتماعية نفسها وعمل الذين يدركونها، ويحلّلونها ويسمّونها؛ من أجل نقدها وضبطها، وهؤلاء هم التقليديّون،

أو الذين يدفعون بها وينشرونها، وهؤلاء هم الحداثيّون. ولن نفهم حقّاً تاريخ مجتمع، وأن نبتّ في ما إذا كان يتجدّد حقّاً، أو هو ينزع، تحت ردّ الفعل، إلى لزوم «التقليديّة» أكثر فأكثر؛ ما لم نحكم وصف عمل هذه المجموعة»[26].

ونقدّر إذن أنّه لا بدّ من حدّ هذا المصطلح/ المفهوم «المعاصرة»، حتى لا نخلط بينه وبين الحداثة؛ فليس كلّ شعر معاصر حديثاً أو جديداً، وليس كل جديد شعريّ بالحديث؛ وما هو أقرب إلينا زمناً ليس الأكثر حداثة ضرورة أو الأعلى قيمة. ولو لم تكن الحداثة سوى اسم آخر للمعاصرة، لما كان هناك ما يمكن التفكير فيه سوى أن نرصد مرور الزمن في حدّ ذاته؛ على إقرارنا بأنّ هذا المفهوم لا يمكن حدّه بشكل تجريديّ محايد، أو مستقلّ عن التاريخ والزمن نفسه. وللحداثة الأدبيّة في الغرب قوانين غير تلك التي تجري عليها الحداثة الأدبيّة في ثقافتنا فالأولى إنّما نشأت في المدينة أو هي من مفرداتها وتجلّياتها.

والحداثة في الفنّ عامّة والشعر خاصّة نشأت في الغرب، منذ منتصف القرن التاسع عشر، عندما أخذ الفنّانون والشعراء يطرحون سؤال الفنّ جوهراً وشكلاً وأدواتٍ ومستقبلاً. وكانوا يطمحون بأبصارهم إلى إبداع أشكال جديدة «أصيلة»، دون أن يأخذوا بأيّ شكل من أشكال التقاليد أو السنن المتعارَفة؛ حتّى إنّ إنكار التقليد نفسه سوف يغدو بمرور الزمن تقليديّاً، إذ أصبح الفنّ الحديث عامّة منذ تلك اللحظة الفارقة، يقوم على شكل بعينه هو «تقليد النفي»، في ما يشبه «السلبيّة»[27] بالمعنى الفلسفي العميق؛ أي النظام الفلسفي والأخلاقي

الذي يتميّز برفض كل حقيقة ومعتقد أي رفض التقليديّة والامتثاليّة، مثل رفض تقليد الطبيعة أو المحاكاة أو النسج على المنوال أو تمثّل الواقع الخارجي الماثل للعيان.

والفارق بين عصر وآخر يكمن في الدرجة التي تظهر فيها هذه الفرديّة أو تلك[28]. وهذا العنصر لا يمكن أن يسِم عصراً من العصور إلّا داخل نظام ما أو بنية ما، فالرومانسيّة مثلاً أو الرمزيّة أو التصويريّة لا تتمثّل في جماع سماتها، وإنّما في طبيعة العلاقة بين تلك السمات. وقد تقوى سمة ويكون لها أثر بنيويّ في مجمل السمات الأخرى. ولئن كان من الصعب في مبحث كهذا مداره على وصف الظاهرة، أن نتميّز السمات الدقيقة أو الظلال الخفيّة بين أطوار الشعر العربي المعاصر منذ النشأة إلى اليوم، بسبب من تداخل بعضها في بعض، فإنّ ما يمكن تقريره بشيء من الاطمئنان أنّه بإمكاننا اليوم كلّما تعلّق الأمر بنظريّة الأجناس أو الأنواع الأدبيّة، أن نتوخّى ترتيباً نوعيّاً، فنصنّفها إلى خطابين كبيرين متضافرين: استعاريّ/ كنائيّ، لكن دون أن نفصل بينهما فصلاً قاطعاً؛ لما نقف عليه من ترابطهما حيناً، وتجاورهما حيناً في أكثر من نصّ، بل إنّ من الكتّاب والشعراء من يزاوج بينها في كلّ ما يكتب، حتى لا يبين هذا من ذاك. وهذا يشمل الرواية والقصّة مثلما يشمل الشعر.

بل علينا أن نجتاز منها إلى البحث في أوجه التّمايز بين العامليّة الاستعاريّة والعامليّة الكنائيّة في الخطاب الأدبي. ومن شأن هذا البحث أن يجعلنا نحكم التّمييز بين الأساليب التي يتوخّاها الشاعر السارد في استعمال الكلام العاديّ «النثريّ» أو ما جرت العادة به

من كلام العامّة، و«النّثريّ» الفنّيّ بشتّى ضروبه؛ وما هو مورّى منها وما هو معمّى؛ طبقاً لعلائق المشابهة أو المجاورة بينها وبين «الشّعري». فإذا كان «الشّعري» يقترن بـ«غير الشّعريّ» في هذا الخطاب فإنّ السّؤال الذي ينشأ: أهو اقتران استعاريّ أم هو اقتران كنائيّ؟ أم أنّ الأمر لا يعدو مناوبة بينهما تتّسع لتشمل الأنظمة اللّفظيّة على قدر ما تشمل الأنظمة الرّمزيّة؟ ولا يكفي في حدّ الخطاب القول إنّه يتكوّن من كلمات، فالأصوب أنّه مكوّن من كلمات يعلق بعضها ببعض في هيئات وصور مخصوصة. ومن ثمّة نسوّغ دون ادّعاء ترجمة المصطلح الشّائع في الدّراسات الحديثة «خطاب» بالنّظم حيناً أي بمفهوم عبد القاهر الجرجاني وبالإيقاع حيناً، أو بالاثنين معاً؛ ولا أنسى أنّ الأستاذ التونسي حمّادي صمّود ترجم «الخطاب» بـ«الكَلِم»؛ ولهذا وجه من الصواب سائغ مقبول.

بل لا نجد أيّ مسوّغ للفصل بين هذه المصطلحات الثّلاثة، إلّا أن يكون ذلك على سبيل الإجراء المنهجيّ لا غير. من ذلك مثلاً ظاهرة الاشتقاق اللّغويّ، سواء توخّى فيها الشّاعر القياس أو خالفه، فمثل هذه ظواهر بعضها لغويّ (صرفيّ)، وبعضها بلاغيّ، وبعضها نحويّ. ولو اقتصرنا في حدّها على هذا الوصف لما أمكن أن نظفر بضالّتنا منها في اكْتناه إنشائيّة الخطاب وبنيته. فهي عند شاعر مثل محمود درويش وأمل دنقل مترابطة إيقاعياً بقوانين النّظم، ودلالياً على أساس من قاعدة المجاورة. وكأنْ لا هدف للشّاعر منها سوى أن يكنّي باللّغة عن اللّغة. غير أنّنا لا نحبّ أن نسارع؛ فنقرّر أنّ السّيادة في هذا الشّعر إنّما هي للكناية، وليست للاستعارة أو أنّ خطة

الكتابة الشّعريّة عند هؤلاء الشعراء كنائيّة بالأساس؛ فهذا استنتاج نمسك عنه، وليس لنا أن نمضي فيه ونقطع بالرأي؛ حتّى وإن وقع في الظّن أنّ المجاورة هي القاعدة التي تجري عليه خطّة الكتابة عندهم، أو أغرتنا بعض الظّواهر الأسلوبيّة في شعرهم بهذا الطّرح. وهذا وغيره ممّا نأتيه على حذر، ونتريّث في اختباره، بسبب من ظواهر أخرى في هذا الشّعر من شأنها أن تكبح من غلواء أيّ تأويل لا يأخذ المحدث قديماً والمحدث حديثاً، بكلّ مظاهره، أو هو يتغافل عن سياقه. من ذلك مثلاً اطّراد المماثلات والمحاكيات التي تحيل على مطابقات ذات طبيعة استعاريّة، حيث ماهية الشيء من ماهية شبيهه؛ فبدل أن يقوله الشّاعر يقول ما يشبهه؟

والشعر الذي نحن فيه يزاوج بين الصور المجازيّة القريبة والجمل الإشارية، وأخرى بعيدة المأخذ؛ ويتمثّل هواجس الذات وحالاتها الوجدانيّة وإحساسها بالعجز والصدع والخواء، في «غنائيّة» أو «دراميّة» أو «ملحميّة» تحتفي بالأشياء والتفاصيل الصغيرة. وبعضه يتمثّل موقفاً، أو هو محكوم بنسق إيديولوجي مخصوص[29]. وعليه فإنّ بنية الخطاب في هذا الشعر تُكتنه من حيث هي أعمال فرديّة، ومن حيث هي جزء من أعمال جماعيّة؛ أي أنّ الصورة أو الحالة تتوزّع على مجاميع وعلى مختارات أو منتخبات شعريّة[30].

وقد احتكمنا في تخيّرنا هذه الأعمال إلى «قيمتها» بصرف النظر عن كونها مشارقيّة أو مغاربيّة. وهي في الأدب علاقة «ائتلاف» عامّة، أو هكذا يحسن بنا أن نظنّ. والشعر إنّما يُنسب إلى اللغة وليس إلى الجغرافيا. وعلى أسٍّ من هذه المصادرة أدرنا المبحث على

«مداخل» من شأنها أن توطّئ السبيل إلى اكتناه بنية هذا الخطاب الاستعاري/ الكنائي.

لكن مهما تتباعدْ المسافات بين القصائد، وتتفرّق الأذواق بالشعراء، ويتنازع النقّاد والقرّاء من الأحكام، فالأمر يتعلّق بقصائد هي لا بدّ آيلة إلى «ديوان الشعريّة العربيّة المعاصرة» أي النسق [العربي] الذي يستوعب المختلِف المؤتلف داخله ليبقى نسقاً. ومسألة النسقيّة ليست ملازمة بالضّرورة لمن ينشدون للشعر مفهوماً كلّياً وإن قسراً؛ وإنّما يمكن الإفادة منها في إعادة ترسّم بنية الخطاب في هذه الشعريّة المعاصرة التي لا تزال قراءاتنا فيها مبتورة أو مشوّهة. والتعامل مع القصيدة باعتبارها نسقاً أو بنية هو الذي ييسّر إعادة ترتيب علاقتنا بها. والحقّ أنّنا بهذا إنّما نُنوّع على ما قاله هيغل في سياق آخر هو سياق حديثه عن نسقيّة الفلسفة، حيث يصرّح أنّه «ينبغي تصوّر الفلسفة مثل دائرة تعود على نفسها أبداً». ونقدّر أنّ الشعر هو كذلك أيضاً، فلا هو بالقديم ولا هو بالجديد، بل لا تاريخ له أبداً. وإنّما نستطيع أن نشير إلى بعض العلاقات انطلاقاً من خصائصه السّابقة. وفي هذا ما يعزّز المصادرة التي نأخذ بها؛ فليس ثمّة شعريّة وإنّما شعريّات، والشّعر من حيث هو مفهوم أو فنّ بصيغة المفرد لاحق على القصيدة. وهو مفهوم رجراج يتضافر في صياغته، مجموع القصائد على اختلافها، ولكن دون أن يكون بميسوره امتصاص اختلافها أو تباينها. وكلّ قصيدة تضع لبنة في هذه الوحدة المفتوحة على قدر ما تضع مفهوم الشعر من جديد موضع تساؤل؛ مادام «الشعر» لا يوجد قبل الكلام الحيّ أو قبل إجراء اللّغة على طريقة خاصّة إلّا إذا سوّغنا

القول بشعريّة اللّغة نفسها أي ما لا يسمع إلّا فيها أي في صمتها أو طابعها الخاصّ؛ وكأنّ كلاً منهما: الشعر واللغة يتوكّأ على الآخر، أو هما يتبادلان الأدوار باستمرار. بل هي علاقة أشبه بالعلاقة بين اللغة والفكر، حيث كلّ منهما يستنبت فرعاً في الآخر[31]. بل ربّما كان البحث في أصل اللّغة وهو بحث لا طائل منه بحثاً في أصل الشعر نفسه أي في «اللّغة الأمّ للجنس البشريّ»[32]. والعربيّة لغة شاعرة من نفسها ذات أنظمة إيقاعيّة دقيقة محكمة، إذ كانت لغة المقدّس الشعري في الجاهليّة ثمّ المقدّس الدّيني (القرآن). ولنظام العربية الفصحى سمات مميزة، بعضها شديد المحافظة. ومن الصعوبة بمكان أن نحيط بها كلها في هذا الحيز، فهذا يمكن أن يكون موضوع دراسة قائمة بذاتها، وإنما نقتصر منها على ما له صلة بالمقال[33].

إذن يحسن بنا ونحن نوطّئ السبيل إلى موضوعنا، أن نأخذ هذا السياق بالحسبان، حتى لا يذهبنّ في الظنّ أنّنا إزاء وحدة شعريّة متجانسة، أو نجعل الجغرافيا تحجب عن التاريخ؛ ولكلّ من هذه البلدان على وشائج الرحم والقربى التي تجمع بعضها ببعض شخصيّتها الثقافيّة، وتاريخها الخاصّ. وليس بيننا وبين الشعراء «الآباء» من الذين اصطلحنا عليهم بـ«الرواد»، تلك الحجب الكثيفة من الزمان والمكان، التي تفصلنا عادة عن شعراء القرون الخوالي، وبعضهم تخطّى التسعين أو هو شارفها مثل أدونيس وأحمد عبد المعطي حجازي، لا يزال يكتب وينشر. فنحن، إذا سوّغنا لنفسنا أن نستأنس ببيار نورا في كتابه «أماكن الذاكرة»[34] ننتمي إلى «الحدث الجيلي» نفسه. وأقصد الجيل الذي يعي نفسه، ويعي ما يفصله عن

الأجيال الأكبر منه سنّاً، ومثاله في فرنسا «جيل الرومانطيقيّة». فقد أدرك هذا الجيل أنّه يكوّن بعد الثورة الفرنسيّة، وبعد الإمبراطورية، مجموعاً متجانساً استطاع أن يعيش تجربة تاريخيّة واحدة، وفي سياق هذا الوعي، اشتغل أفراده بـ«أنموذج» أو «مكان ذاكرة» بالنسبة إلى الكتاب والمثقّفين والمفكرين اللاحقين الذين يتمثّلون بهذه الحقبة، أو هم يُحيلون إليها، وكل هؤلاء تقريباً يستخدمون مصطلح «جيل» كلما تعلق الأمر بمجرى الزمن ودواماته.

ومثال ذلك أيضاً جيل السابع والعشرين في تاريخ الشعر الإسباني، وهو المثال أو المرجع الشعري طوال عقدي العشرينيات والثلاثينيات؛ فهو يضم الشعراء الذين ولدوا ما بين 1893 و1907 وهي فترة قد تلوح قصيرة، أو هي لا تبرأ من تعسّف ومبالغة، ما تعلّق الأمر بـ«التحقيب». ومع ذلك صرفنا النظر عن «قصيدة البيت» التي تسعى إلى إشراك الشعر في السجالات والمناقشات السياسيّة والاجتماعيّة، أو تلك التي تحصر الشعر في مجرّد نشاط شكلانيّ، حيث اللغة فيها تخبر عن نفسها، بذات القدر الذي تخبر به عن تمثّل لحقيقة موجودة سلفاً أو لمعنى قائم في العالم، وشهادة لنظام ما للكون، مرتّب ملموس. والإقرار بهذا لا يعدو رؤية مثاليّة تتصوّر الإنسان موجوداً في نظام خارج نطاق سيطرته، وإن لم يكن خارج نطاق قدرته على تنظيمه. وقد تكون القصيدة «العموديّة المعاصرة» صورة من هذا «الارتداد» شكلاً لا مضموناً، وردّاً على «قصيدة النثر» التي يرى فيها كثير أو قليل من الشعراء والنقّاد نوعاً من «الكتابة» السائبة المنساحة القائمة على الإحالة وفساد المعنى، أو إفراطاً في استخدام اللغة واستهانة بقواعدها وأنساقها.

وقلّما تنبّه هذا الطرف أو ذاك إلى أنّ «العدول»، إنّما هو القصد. ولولا القصد لاستوتْ أقاويل الكتّاب والشّعراء، بأغاليط الأطفال وهلوسات المجانين اللغويّة. والجواهري مثلاً على جلال قدره، إنّما شعريّة نصّه من «شعريّة المناوبل»، ومن الوشائج التي تعقدها بالفضاء العامّ، حتى وهي تنفصل عنه؛ حيث تكون في «الخارج» و«الداخل» في ذات الآن؛ إذ لا ينسى الجواهري نفسه؛ تماماً كما يفعل المتنبّي، عندما يكون في حلّ من الإلزامات أو الإكراهات الاجتماعيّة أو السياسيّة.

أمّا إذا توخينا «تحقيباً» أكثر دقّة، بمعزل عن مفهوم «الجيل»؛ فقد لا نجد أفضل من الخطاب الشعري نفسه، وهو خطاب يتجاذبه، وأنا أستعير عبارات أهل الفلسفة، طرف «الأبولونيّة» بكل ما تعنيه من توازن وتناسب وتناغم أو «الكنائي» كما نوضّح في قسم الإجراء؛ و«الديونيزوسيّة» بكلّ ما تعنيه من مصادفة وعشوائية وغرابة أو «الاستعاري».. ومثال الأوّل عند الرواد بدر شاكر السياب المأخوذ بمتانة اللغة والوزن والتقفية، والأقرب إليه أحمد عبد المعطي حجازي ومحمود درويش وسامي مهدي. وأمّا الثاني فمثاله أنسي الحاج وصلاح عبد الصبور ومحمد عفيفي مطر ويوسف الصائغ ومحمد بنّيس وأمجد ناصر، وغسّان زقطان وحسن نجمي وصلاح بوسريف وخالد النجّار ومها العتوم... أمّا أدونيس فيراوح في الفسحة القائمة بينهما شكلاً، وصورة ودلالة؛ فهو «أبولوني ديونيزوسي» في جلّ شعره، وهذا مبحث قائم بذاته، ومرجعيّته نيتشه.

لا يحبّ «الأبولوني الديونيزوسي» لقصيدته أن تكون متاهة

فاغرة، حتى وهي تحتفل بالأشياء وتسمّيها، ففيها تتقاطع الخطوط وتزدوج، أو تمتدّ في هيئات متشابكة مضفورة، أو تنكسر وتنحني وتلتوي. والشاعر يؤدي هذه الخطوط والهيئات في جمل وصور قد تنفكّ في مواضع، عن النسق اللغوي القائم، وتشرع المبادرة، وطمس وجه التقابل بين الصورة وعمقها أو «خلفيّتها»؛ في سياق يجعل الشعريّة تكمن داخل شكل التعبير، وليس داخل المعبّر عنه. وهذه ممّا لا يقدر عليه إلا الشاعر المتمكّن من لغته وموادّ شعره، القادر على الموازنة بين الاحتمالات الرأسيّة (الصرف أو المعجم) والاحتمالات اللغوية الخطّيّة الأفقيّة (النحو أو التركيب) وبين البعدين الاستعاري والكنائي أي الرمزي؛ وما إلى ذلك من تماثلات الصوت والإيقاع والصورة التي تكثّف اللغة فتصرف الانتباه إلى خصائصها الشكليّة وليس الإسناديّة. وأقدّر أنّ مدارسة المكوّن الإيقاعي والمستوى المعجمي والمستوى التركيبي النحوي، هي المهاد الذي يتيح لنا الانتقال من مكوّنات الشعر الأساسيّة إلى فروض الشعر الخياليّة وتجريداته البعيدة كما تمثّلها الصورة. والمكوّنات الأساسيّة ليست بالأمر الذي يستعصي رصده، إذ يمكن إخضاع كلّ من المعجم والتركيب لأساليب البحث العلمي الخالصة، والتقدّم بها في أرض موطّأة واضحة المعالم، خاصّة أنّ مسائلها عند الشعراء «الآباء الروّاد» وتلاميذهم لا تتزاحم، وقضاياها لا تتداخل. فلعلّ في هذا تكمن الشعريّة «المنشودة»، حتى لا يتحوّل النصّ إلى «مسطّح عاكس» يقع عليه ما يقع من بائد العوالم، وينجرف إليه ما ينجرف من أضواء الماضي الشعري وظلاله؛ حيث روائح الأسلاف تملأ فضاء القصيدة، وحيث الشعر يداخل الشعر.

ومن ثمّة لم نشأ أن نفرّع هذه الصورة إلى مشارقي ومغاربي، بالرغم من أنّ لكلّ بلد عربيّ تاريخه المعاصر الخاصّ؛ والمسوّغ لذلك جملة أمور من أظهرها ما سلف ذكره من أنّ الشعر يُنسب إلى اللغة وهي العربيّة الأدبيّة في السياق الذي نحن به، أو لنقل «التدلال» (إنشاء الدلالة)[35]؛ وهو بحث في متغيّرات العلامة المكتوبة على أساس من التّمييز بين الكلمة في اللّغة والكلمة في الخطاب، والكيفيّة التي تنفكّ الكلمة بها عن المعنى المعجمي، لتتّخذ في الخطاب فروقاً دقيقة تنقلها من معنى مفرد إلى معنى جمع حَرِكٍ فاعل، وشكلين من أشكال التعبير حيث يمكن أن يزاحم الكنائيُّ الاستعاريَّ، أو الاستعاريُّ الكنائيَّ. وعليه وزّعنا الشواهد على محورين: خطاب كنائي/ استعاريّ، وخطاب استعاريّ/ كنائيّ؛ آخذين بالحسبان جملة «مُصادرات» إحداها: أنّ الوزن ليس حلية خارجيّة كما يتوهّم البعض من شعراء «قصيدة النثر»، وإنّما هو من كنه بنية العربيّة ونظامها الصرفي. والعربيّة لغة رياضيّة تكاد كلّ أوزانها ترجع إلى «الجذر التربيعي»، بما في ذلك الأسماء الجامدة التي أدار عليها شعراء الجاهليّة الأفذاذ قصائدهم، أو الأسماء المشتقّة أو «السائلة». وهذا الوزن مشرع على كلّ إمكانات الشعر، إذا كان الشاعر متمرّساً به وبلطائفه. و«قصيدة النثر» القويّة في تقديرنا، يمكن أن تكتب داخل أوزان الشعر العربي. والمصادرة الأخرى أنّ لغة الشعر حتّى وهي مقتصَدَة تقول تفاصيل اليوميّ، إنّما تقولها مثلما يقول الرّسم ذلك وتقولها مثلما يقول السّردُ ذلك. ولا نحبّ بهذا أن نقول إنّ القصيدة لوحة تشكيليّة؛ وإنّما فيها من مقتضيات التّشكيل البصريّ وإن بتمثّل

لغويّ؛ فاللّوحة هي أيضاً تكثيف، وربّما تكون حتّى أكثر تكثيفاً من القصيدة فمهما اتّسعت مساحة القماشة فإنّها محدودة؛ فلا تفلت من الحقل البصريّ، لكنّها جزئيات وتفاصيل، بل وأشياء مبتذلة قد لا ننتبه إليها في معهود سلوكنا اليوميّ. لنقل إنّ الشعر يسترجع شعريّته، عندما يطعّم اللغة ويغنيها، ولا يسترضي الجمهور أو يمالقه.

بنية الخطاب الشعري الكنائي/ الاستعاري

أدونيس: «الكتاب»: الشاعرُ كاتباً

يضعنا عمل أدونيس «الكتاب» إزاء قضيّة معرفيّة شائكة حيث الكلّيّ يرتسم حدّاً قبليّاً للوجود؛ مثلما هو نقطة يتجمّع فيها كلّ الوجود العربي [أمس المكان الزمان] باعتبار الكلّيّ مطلقاً، والمطلق بصفته تلك يكون مفتوحاً في كلّ الاتّجاهات. ويبرز الموقف الأدونيسي ولعلّه صورة أخرى من الموقف الهيجلي؛ متجاوزاً الموقف الأوّل، ولكنّه يأتي في الوقت نفسه مربكاً للموقف الثاني الذي نطمئنّ إليه أكثر من غيره. ذلك أنّه يكفّ عن اعتبار الكلّيّ متعالياً بإطلاق عن الواقع ومنقطعاً بل هو يُجري الكلّيّ في الواقع بحسب منطق الصّيرورة وفعلها، فإذا استخلاص مفهوم كلّيّ للشعر عامة أو النصّ أيّ نصّ، أمر ممكن؛ ولكنّ إمكانه يقضي على استمراريّة الشعر من حيث هو خلق. ذلك أنّ الشعر في الأدونيسيّة جهة من جهات الرّوح المطلق؛ هي جهة الجميل تتجلّى في لحظة تاريخيّة معيّنة، فإذا انتهت تلك اللّحظة اسْتُخْلِصَ مفهومـها. وإذا تمّ استخلاص المفهوم بطلت الجدوى من استمراريّة الفنّ؛ ومن ثمّ قول هيغل المأثور «مات الفنّ وولدت الأستيطيقا». وعليه ننوّع ونقول «مات الشعر، وولدت الكتابة/ الذات». ولكنّ المسألة الرّئيسة في «الأدونيسيّة» عامّة وفي العمل

الذي نحن به «الكتاب» ليست الكتابة في ذاتها، وإنّما تعريف الذّات تعريفاً جديداً من شأنه أن يشرخ «الفردانيّة المركزيّة» بإدماج الآخر في «الأنا»: المتنبّي في أدونيس وأدونيس في المتنبّي. والشاعر/ الكاتب لا يستند إلى الكتابيّ إلّا بمقدار ما يلغيه، فهو يثبّت «الغائيّة» في أكثر من إشارة إلى معنى السّلطة التي تنعت بـ «الرّمزيّة» من حيث هو معنى وامتلاك في آن. وهذا المعنى كان موصولاً أبداً بأحكام الكتابة وتراتيبها وتدابيرها حيث الآثار الخطّيّة تظهر «الديناميّة» الحركيّة، وحيث الخطّ كان يوعز «ديناميّة» الكلام. على أنّ تخيّر فكرة «المخطوطة» علامة أو سمة غياب ملحوظة (غياب المتكلّم والمخاطب والمعنى المستقرّ في وعي المتكلّم الغائب) مقابل حضور هذه العناصر الثّلاثة في حال التلفّظ. والكتابة هنا أشبه بفعل إبعاد غير مدرك وغير حاضر وغير واعٍ. وهي بهذا لا تهب نفسها كما هي في تجربة ظواهريّة لحضور ما. إنّها تسم الزّمن الميّت في حضور الحاضر الحيّ وفي هيئة كلّ حضور عامّة، على أنّه حضور لا علاقة له بحضور الأشياء، فليس للأشياء، في الأدونيسيّة، على ما نرجّح؛ من قيمة إلّا من حيث هي ظواهر. إنّما الحضور هو هذا الحضور الخاصّ الذي نلحقه بـ «الكلمة الحامل» أو نضيفه إليها[36].

فإذا كانت اللّغة تشرخ الوحدة الطّبيعيّة وحدة العالم المدرك، أو هي تملي عليها بنية أخرى، بسبب من الصّواتم والكليمات وعناصر الكلام الأخرى المنظّمة كلّها بطريقة متقطّعة في الكتاب كلّه؛ فإنّ الكتابة في «الأدونيسيّة» هي التي تجلو هذا التّقطّع وتجسّمه وتوضّحه، وهي تضفي عليه بعداً فضائيّاً مرئيّاً يسمح بإخضاعه فيما بعد لترتيبات

وتنسيقات توافقيّة أو احتماليّة. ولم يكن ذلك ليتسنّى إلّا بواسطة فضاء الكتابة الذي يجلو تصوّراً أدونيسيّاً بنائيّاً للغة، وهو يسبغ على فضاء الصّور طيف الأبجديّة الصّوتيّ. والكتابة بهذا المعنى، تطوير لهذه السيرورة/ الصيرورة التي يمكن أن نعتبرها معرّفاً للّغة، ونسوّغ تسميتها بـ«التصوّر الرّمزي» مقابل التّصوّر «الأيقوني» أو التّصوّر القائم على إدراك المتماثلات.

إنّ سلطان الكتابة – وهو من سلطان الأبجديّة – مثير حقّاً، فالكتابة لا تغيّر التّعبير الشّفهيّ ولا تتشرّبه فحسب، وإنّما هي تراقب أيضاً الفضاء الخطّي وتتحكّم فيه. فحيال السّطور التي نضّدها الكلام وقد تقيّد وتحوّل إلى مرئيّ، ينضبط النّظر ويتخلّى عن حرّيته. والكتابة متناً وهامشاً – من هذا المنظور – كابح ورقيب، إذ تعقل النظر؛ ولكنّها توسّعه من منظور آخر (إبداعيّ) وتحفظ عليه حقّه في أن يلمح الاتّساق في «باب الفوضى»، والأبد من ثنايا الزّمن، بل ربّما جعلت وكده أن يحوز الأشياء ويبسط سلطانه عليها.

إنّ «الكتاب أمس المكان الزمان»، وهذا لبّ «الأدونيسيّة» يجعل الشعر لغة اللغة الأمّ، ويجعل الشاعر كاتباً. بل هو الكتاب الآخر أو «معجز أدونيس» قياساً على العنوان الذي وسم به أبو العلاء المعرّي شرحه على ديوان المتنبّي «معجز أحمد». وهي تورية لا تخفى مدارها على اسم النبي العربي «أحمد» ومعجزه في المخيال الإسلامي [القرآن] واسم أبي الطيّب [أحمد] ومعجزه في المنظور العلائي شعره. ونعرف أنّ الاعتقاد في صورة الشاعر لم يهتزّ إلّا

مع الحدث القرآنيّ؛ ثم مع الكتابة الديوانيّة في العصور المتأخّرة. فقد أرست صورة الشّاعر «القرآنيّة»[37]، فكرة القطيعة بين الوظيفة الشّعريّة ونشدان المعرفة، وميّزت بين قول الشّاعر وفعله. بل جعلت هذا نقيض ذاك، بالرغم من أنّ الأمر في الشّعر يتعلّق بفعل القول أو صنعه أي أنّ الفعل في القول وليس خارجه. ومهما يكن فقد نزع القرآن إلى إنزال الشّاعر من «منزلة أشرف العالم وأفضلهم»[38]، ومن مرتبة «السّاحر» إلى مرتبة «الصّانع» وإحلاله سهل الأباطح، وهو الذي ذهب بصورة الشّاعر من حيث هو ظلّ لقوى غيبيّة مرهوبة تعلّمه الشّعر؛ على إقراره بوجود «شياطين الشّعر». ولكنّ القرآن اتّخذها وسيلة للنّيل من سلطة الشّعر، والغضّ من شأن الشّاعر ونسخ تأثيره، حتى لا يقاس النّبيّ والشّاعر بمقياس واحد، ولا توزن اللّغة الوحي بميزان اللغة الشعر. وهذه الأسطورة وفيها تتجلّى روح دينيّة من نوع آخر، قد تنمّ على رغبة الأقدمين في التّسامي بالشّاعر من حيث هو «كائن خاصّ» وبـ«الشعر» باعتباره لغة خاصّة؛ وإن كنّا أميل إلى القول بأنها تفسّر امتناع «الشّعر» على أيّ حدّ، فهو نبت اللّغة وثمرة الأسطورة؛ وكأنّه لا يستشفّ إلّا بالحدس والظّنّ. على أنّ القرآن وإن عرّض بصدق الشّاعر، وأخذ عليه انصرافه عن تقدير الحقيقة، ونعته بالهيام أو الجنون والوسواس والحيرة وذهاب العقل[39]، فقد بسط للشّعر والنّقد كليهما أمداً فسيحاً. وما نخال مقولات القدامى في الكذب والادّعاء والإيهام والتّخييل وعزل الشّعر عن الدّين إلّا إحدى ثمرات النصّ القرآنيّ. لنقل إذن الكتاب هو كتاب العرب الثاني، حيث يتحوّل شكل لغويّ إلى شكل من أشكال الحياة، وشكل حياتيّ إلى شكل من أشكال اللغة، أو ننتقل من شعر الآلهة إلى

آلهة الشعر، أو من القرآن إلى الشعر «قرآن إبليس» بعبارة المعرّي في رسالة الغفران.

*** الموضوعانيّة/ الذاتانيّة[40]:**

الكلمة في الشعر محكومة بمكوّنات الإيقاع، مثلما هي محكومة بالخطاب الذي ينتظمها وبسياق استعمالها و«مقام تلفّظها»، موسومة أبداً بذاتيّة كاتبها. فمن الرّجاحة بمكان أن نقول إنّ الخطاب تؤدّيه ذات فرد محكومة بهذا المقام الذي يسمّيه المعاصرون la deixis أي عالم الذّات التي تعقد علاقة بين المقول (الملفوظ) وفعل القول (التّلفّظ)[41].

وأقدّر أنّ أدونيس في الكتاب شاعر ينشد المعنى، ويدير قصيدته على موضوع هو قراءة تاريخ العرب إبداعيّاً أو شعريّاً، أو هو شاعر سارد يأخذ بأيدينا إلى مجاهل الشّخصيّة، فيفضّ أغلاقها وينفذ إلى إيقاع خطابها. بل هو يخرج لنا من شوارد الأخبار ومتخلّف الآثار، وهو يحتال بها ولها في كثير من الدّقة وكثير من حسن التّأتّي، شخصيّة نابضة بالحياة: المتنبّي الآخر. ولكنّها شخصيّة من صنعه تقوم على وقائع منتحلة من كتب التّراجم وروايات ليست صادقة كلّها في تفسيرها ولا أمينة في تصويرها، ينسّقها تنسيقاً خاصّاً، ويرتّبها ترتيباً شعريّاً، وهو يوزّع ظلاً هنا وضوءاً هناك، عسى أن يحفظ لها نوعاً من الاتساق، ويظهر لنا بذلك سير التّفاعل بين الشّخصيّة وأثرها؛ أو كيف تأثّرت ببيئتها وعصرها حتى يحفظ للنصّ طابعه «الاستثنائي»، ولا يجحف بحقّ معناه أو بدلالته أو بقيمته ومزيّته. والكتاب نصّ استثنائيّ في تاريخ الشعر، وليس من اليسير استيفاء

القول في طابعه الاستثنائيّ دون استيعاب إيقاعه؛ أي دون اعتباره منتوج ذات مفردة، ولكنّها تاريخيّة تجعل من هذا النّصّ فعلاً لغويّاً فريداً خاصّاً.

إن الكلمات في القصيدة «تعبيرات»، وهذا يعني من ضمن ما يعني أن المتقبل (السّامع) يعبر منها إلى المعنى المقصود؛ دون أن يسوق ذلك إلى القول إنّها شفيفة غير سميكة أو ليس لها كيان. فهذه الكلمات أو التّعبيرات إنما تتمثّلها المخيّلة. والمخيّلة لا تعني ضرورة المخيّل، وينبغي ألّا تلتبس تمثّلات المخيّلة بالأشياء المخيّلة، وهي ما هي فتح أفق للموضوعيّة. وهي فيما نحن فيه، فتح أفق للكلمات من حيث هي «أشياء» مرئيّة، إذ هي التي تجسّدها أو تضفي عليها هيئة أو صورة وتختزلها في «رسم خياليّ» shème:

«عاشقٌ ولَهَ الثائرين / الفراتَ وآفاقهُ والأعالي / أوقظ الأرضَ من نومها وأغالي / جسدي مثل تاريخ هذا الزمان / مليءٌ بكلّ العروش التي دُمّرتْ / وبكلّ العروش التي لا تزالُ ترقّعُ تيجانها / هكذا نقطةٌ نقطة / أتقطّرُ أنسالُ بين جرار الزمنْ / وطناً للوطنْ[42]».

وهذا الرّسم الذي يذكي الحدس مثلما يذكي الإدراك ينضوي إلى سجلّ المرئيّ دون أن يبرح سجلّ المسموع. فإذا كان الشّاعر مثله مثل الآخرين يفكّر بالجسد وفي الجسد، فهو ينشد بالجسد وفي الجسد أيضاً. فليس ثمّة شعر خالص، مادام الشّاعر مثل المتقبل (السّامع) يقصد أو ينشد معنى ويبلغه بواسطة فعل، يحشد له الصّوت والأذن معاً لإنتاج خطاب يمكن للمتقبّل أن يظفر فيه بالمعنى المنشود وأن يفهمه.

الكتاب يفتتح مداخل قرائيّة أخرى في قراءة الأدونيسيّة، ونقصد

الانتقال من «الموضوعانيّة» إلى «الذاتانيّة»، حيث العلاقة التي تعقدها الكتابة الشعريّة بالكتابة السرديّة مبنيّة في جانب منها، على «القصور اللّغوي» أو «الوهن اللغوي»، الأمر الذي يمكن أن يتكشّف عن نزعتين تصرفان الذّات الشاعرة الكاتبة أو المنشئة إلى الكلمة الملفوظة أو إلى الكلمة المكتوبة، فيوسم الخطاب بـ «الذاتانيّة» كلّما كاشف قارئه بقصور الكتابة وجاهره بعدم كفايتها، ونزع إلى محاكاة خصائص الشّفهيّ، وانصاع للمشترك أو المبتذل اللّغوي، وتلجأ كما في شعر مظفّر النواب إلى «الرّوسم» .Cliché

ويوسم الخطاب بـ «الموضوعانيّة» كلّما بادَى بقصور الشّفهيّ وصارح بعدم كفايته، وفزع إلى استثمار خصائص المكتوب استثماراً منظّماً. فنحن في كثير من النّصوص، تلقاء نمطين من الكتابة، مختلفين، على أنّنا نرجئ مناقشة فرضيّة «القصور اللّغوي» أو ضيق اللّغة، ونشير فحسب إلى أنّها فرضيّة قديمة في التّراث البلاغيّ عند العرب. وقد علّل بها بعضهم الاستعمال المجازيّ في اللّغة، وميّزوا بين مجاز لغويّ اضطراريّ يبرز السّمة الظّاهرة في الشّيء وبين مجاز جماليّ اختياريّ يخرج الشيء على غير مخرج العادة والألفة. ولا نخال هذه الفرضيّة تصلح أن تكون مناطاً وعلّة لتشريع حكم قاطع «فالتّجاذب بين «الشّفهي» و«الكتابي» في الإنشائيّة [الشعريّة] العربيّة القديمة والحديثة أيضاً، محكوم في جانب كبير منه، بوظيفة الممتع المفيد أو الحسن النّافع».

في هذا الأفق الكتابيّ «الملتبس» تتأصّل ظاهرة الكتابة الموضوعانيّة في «الكتاب»، هذه التي يؤدّيها الخطاب على أساس

الكلمة – الشـيء لا الكلمة – الحدث كما هو الشـأن في الخطاب الشـفهيّ حيث الكلمة جزء من حاضر وجوديّ حقيقيّ، فهي لا تقوم أبداً بذاتها وإنّما تحتاج إلى مرسل ومرسل إليه وسياق. وفي هذا وغيره، دلالة على قدرة الكتابة على فصل العارف عن المعروف والمدرك عن المدرك. فثمّة مسافة بينهما، وفي حيّز هذه المسافة تنشأ الكتابة الموضوعانيّة التي تذكي التّحليل وتجعل اللّغة فاعلة بذاتها وتعزل القول على سطح مكتوب، ولكن دون أن تفصله عن أيّ محاور، ودون أن تجعله مستقلاً بنفسه. ففي القول بهذا الفصل أو الاستقلال، شيء من التمحّل وقدر غير يسير من الاعتساف. فإذا كان الكاتب مستغنياً، في الكتابة الخالصة، عن الحوامل الإضافيّة مثل التـّعبير بالوجه أو التـّنغيم بالصّوت، بل عن أيّ مستمع حقيقيّ، فإنّ الأمر في الكتابة الشّعريّة (القافية مثلاً) لا يجري على هذا النّحو، إذ ينهض الإيقاع الوزنيّ، بحكم طابعه الشـّفهيّ، بما هو غائب في أنماط الكتابة الأخرى عادة.

*** الكتابة/ الصورة:**

نقف في الكتاب على مظهرين مختلفين للكتابة:

أوّلهما تصوّر لكتابة متجرّدة من كلّ جسمانيّة سواء أكانت أيقونيّة أم قوليّة كما هو الشأن في القرآن قبل أن يجمع في مصحف؛ وهو أشبه بـ«كتاب» غير مرئيّ. وقد وسم أدونيس عمله بـ«المخطوطة»؛ ولكنّها مخطوطة غير مرئيّة، أي هي أقرب ما يكون إلى «البيكتوغرام» (التّصويريّة)، حيث يمكن فصل الكلمة عن الصّورة.

ولكنّ انشداد النصّ إلى «المرئيّ» حيث الكلمة لا تحجب عن الشّيء بل تجلوه وتفصح عنه إلّا دلالة على ماديّة الصّورة من جهة؛ وعلى نظريّة في الإدراك من أخرى، تقوم على التمثّل؛ أي أن ندرك هو أن نسمّي الأشياء أو نعرّفها.

وأمّا ثاني المظهرين فيرجع إلى «المكتوب» حيث تعالج الإشارة بمعزل عن وظيفتها الدلاليّة التواضعيّة أو المرجعيّة أو التّوصيليّة، فهي دليل لغويّ ينبت عن الصورة، ويخون رابطة العقد بين الشّاعر – الكاتب والسّامع – القارئ. على أنّه دليل فاعل في نسيج النصّ المكتوب الأمر الذي يجعله أشبه بـ «الإيديوغرام» (رسم الفكرة) فالرّمز فيه متحرّك غير ثابت؛ بحيث يصعب أن نحدّه استئناساً بمدلوله كما هو الشّأن في الكلمة التي هي تمثّل قبل كلّ شيء، وإنّما في ظهوره المباشر الذي ينشد إحداث أثر ما، يمكن أن نسمّيه «أثر الرّمز» كما هو الشّأن في «الأيقونة» التي تتميّز بطابعها الذي يجعل منها دالاً، حتّى وإن كان موضوعه غير موجود؛ أي بالقدرة على استدعاء حقيقة غير متوقّعة[43]. ولعلّ هذا أن يفسّر تغيّر قيمة المحدث الأدونيسي بتغيّر سياق قراءته واختلاف قرّائه. ولعلّ الانتقال من مفهوم القارئ – المفرد إلى القارئ – الجمع لم يتمّ إلّا مع هذا المحدث حيث تعقّدت الصورة.

*** بنية «التّبئير» focalisation الظاهر/ المضمر:**

وهي تتّخذ هيئتين:

إحداهما تطوي المشابهة حتى تكاد لا تبين إلّا من «خارج القول»

أي «إذا رجعت إلى الحقيقة ووضعت الاسم المستعار في موضعه الأصليّ». وهذا منحى نتحفّظ منه، إذ يمكن أن يفقد الصّورة طابعها المستقلّ، ويجعل منها صورة «معلّلة» من «خارج القول» ولا سند لها ولا برهان عليها إلّا من خلال نظام الأشياء الطّبيعيّ أو نظام الفكر.

أمّا الهيئة الأخرى التي تتّخذها الصورة، وهي في تقديرنا الأشدّ اشتكالاً، فلا تنقاد إلى المشابهة. ولا نأتيها من أي جهة من جهات المشابهة جئناها إلّا صدّت عنها. فهي قارّة في ذاتها لا تبرح بنيتها، حتّى ليمكن القول إنّها صورة من اعتباطيّة اللّغة نفسها؛ إذ هي تكوّن نظاماً في نظام اللّغة وتنطوي على تنظيم داخليّ وغرابة غير متوقّعة. بل هي كسر في اللّغة لا يختزل، وشرخ لا يجبر. وربّما ليس لها من معنى إلّا «معنى الصنعة» وهي ليست سوى الكتابة؛ فلا تحمل إلّا على قانون من قوانين الإيقاع أو على وظيفة من وظائفه. وربّما كان علينا أن نقبل أنّ الشّاعر يمكن أن «يقول «دون أن يكون لديه» ما يقوله» وأنّ الصّورة يمكن أن تكون تمرّساً باللّغة واستكشافاً لمدى استجابتها للخيال أو استجابة الخيال لها، بحيث لا تقول إلّا نفسها، أو أنّ المعنى فيها – إذا كان لا بدّ من اعتبار القراءة نتاج المعنى – لا يعدو أن يكون حالة أو موقفاً من اللّغة وافتتاناً بقوّة الكلمة على خلق الصّورة. وربّما تعذّرت، بسبب من ذلك، على الإدراك.

إن دراسة الصورة في الكتاب تقتضي وصف العلاقات التي تنتظمها وصفاً دقيقاً، لمعرفة إن كانت الرّموز المستخدمة فيها تتصرّف وفق علاقة المشابهة، أم وفق علاقة المجاورة، أم هي تراوح بين هذه وتلك.

ونقدّر أنّ وصفاً كهذا – متى استتبّ – يتيح لنا أن نباشر الصّورة بمصطلحات غير المصطلحات البلاغيّة، فقد تكون رمزيّة أو تجريديّة، أو افتراضيّة، أو حدسيّة، أو تخيّليّة على أساس أنّها تتألف من ترتيب خاصّ لعلاقات المشابهة والمجاورة، وتتضمّن في ذات الآن تجسيداً لهذه العلاقات. والاحتمالات التي يستنبطها الشّاعر منها أوسع من أن تنقاد لضابطة بلاغيّة أو حكم كلّيّ ينطبق على جزئيّاته. وأكثرها اطّراداً في تقديرنا:

أ – الصّورة الرّمزيّة:

هي تلك التي تنهض على محمول محسوس يرمز إلى معنى أو موضوع مجرّد، من خلال تراسل سرّيّ يقيمه الشّاعر بين العالم وما ينشد قوله. وصورة كهذه لا يمكن إلّا أن تكون محكومة بذاتيّة الشّاعر أو برؤيته الخاصّة، برغم أنّ الرّمز المحسوس فيها يتعلّق بما هو حافّ؛ إذ هو إشارة دالها يطلّ في اتّجاهين أو هو يحمل مدلولين:

«الطريقُ وذاكرةٌ تتنزّهُ فوق الترابِ / وتحتَ التراب ترابٌ / يتقمّصُ – وقتي قميصٌ له / الطريقُ، وهذا الحريقُ الذي يتصاعدُ فيّ / الطريقُ وأدخلُ في فلَكٍ للإشاراتِ؛ ماذا؟ / وأصغيتُ أصغي / تتوهّجُ فيّ المصابيحُ، تلك التي سمّيت جراحاً[44]».

ب – الصّورة التّجريديّة:

هي تلك التي تتمثّل شيئاً أو موضوعاً محسوساً أو مفهوماً، بواسطة كلمة مجرّدة. وهي من هذا الجانب تختلف عن الصّورة الرّمزيّة التي

تنهض على محمول محسوس، وتظلّ أشبه بصورة مهتزّة؛ لا يقيّدها شكل؛ خاصّة أنّ علاقة المشابهة فيها تبدو بعيدة:

«أتحمّلُ أعباء أرضيَ / أحلامها والهموم / غير أنّيَ لا أتقدّمُ – أمشي كأنّيَ في القيدِ أمشي / أتراني عرّافُ هذا الغبارِ/ ونحّاتُ هذي الغيوم[45]». والكتاب طريقة في إعادة تسمية الأشياء، وفي «تعميدها» تعميداً لغويّاً ثانياً؛ تقطع دابر الكلمة، وتخلّص الأشياء من أسْر الاسم، لتشرعه على الخيال. وليس بالمستغرب عند أدونيس، أن تتراسل الأشياء والموضوعات على نحو غير مألوف، وأن يحفّها الإلغاز والغرابة في كلّ مسالكها، ولكن دون أن يسوق ذلك إلى القول بأنّ تراسلها ثمرة مصادفة أو تواطئيّة. والتّنافر المنطقيّ عنده، قد يتمثّل في إضاءة تماثلات قائمة في نظام الشعر نفسه، مثلما هي قائمة في نظام القيم الذي ينضوي إليه. والصّورة ترتبط بتمثيليّة اللّغة ومدى قدرتها على تمثّل جملة من الأفكار والمفاهيم. وتاريخ الصّورة ومفاهيمها، إنّما يعلّمنا، قبل كلّ شيء أنّ خبرة الشّاعر عن العالم هي مثل خبرة أيّ منّا، غير مباشرة، فما بين الشّيء والذات المتعالقين، تنهض اللّغة بصفتها موجّهاً للدّلالة.

ونقدّر أنّه في سياق كهذا يمكن أن نتقصّى بنية الخطاب الشعري في الشعريّة/ الشعريّات العربيّة المعاصرة زمانيّاً ومكانيّاً، دونما وجل أو تهيّب، بحثاً في نشأة الكلمة وتطوّرها، وفي أوجه العلاقات المعقودة بين العلامة والمدلول، وبين العلامة ومستعمليها، وبين العلامات بعضها ببعض، وما هو راجع إلى التداخل اللغوي أو مؤثّرات اللغات الأجنبيّة واللهجات المحليّة.

وهو مظهر ممّا نسمّيه «شعريّة اللغة»، إذ ترد الكلمة في سياق من التحوّل الأدبي، هو في جانب منه، من تحوّل اللّغة الدّاخليّ حيث «الأصل» لا يوجد لذاته أو بذاته، بل هو ليس سابق الوجود فهو جزء من كلمات مختلفة تدور في حيّزه بوساطة المصوّتات التي تضفي على الكلمة معناها أو مدلولها، على أساس من طابع المصوّت وكميّته أو مدّته من حيث الطول والقصر، على نحو يتيح لنا الرّجوع إلى صورتها أو وزنها.

والشاعر إنّما ينشئ في ظلّ تقاليد نوعيّة مخصوصة، أو في ضوئها، ولكنّ عمله لا يُقاس بها فحسب، وإنّما أيضاً بما يذكي من احتمالات وإمكانات لغويّة فيها.

وهي ناحية تستوقفنا في «الكتاب» حيث الشعرُ/ اللغة انصهارٌ بين الجميل والحسّي المعيش والفكريّ المجرّد، وتعالق بين الذاتي الحميم والخارجيّ الموضوعيّ، وتواصلٌ بين التشخيص والتخييل والترميز والتّكثيف. وهو ما نسمّيه «فعل الشعر» الذي يمكن تشبيهه بأحلام اليقظة. ويكاد كلّ نصّ من نصوصه يطرح على الشاعر المعاصر مهمّة شاقّة جدّاً، وهي أن يتقصّى عن زمنيّة لغويّة «شعريّة» يتجاوز بها زمان القصيدة العربيّة القديمة التاريخي، ويغادر بفضلها أيضاً زمانه هو إلى «الزّمنيّة الشّعريّة»، أي الزمنيّة التي نرى ضمنها إلى لغة القصيدة العربيّة من داخلها؛ ولعلّها من دون ذلك ليست أكثر من سطح أبكم.

إنّ نظام «التّحوّل الدّاخلي» لا يوقفنا على الهيئة التي تتّخذها

العلامة وعلى قواعد تنسيقها فحسب، وإنّما يَبِين أيضاً عن وظيفة التركيب في نظم المعنى وتنظيمه وعن لغة جمع. فإنتاج معنى مختلف من الفعل المزيد مثلاً؛ إنّما ينجم عن النّظام المتعلّق بوحدتين لغويّتين أو أكثر، بحيث ننتقل من الثّلاثي بشتّى معانيه؛ إلى المزيد بسائر معانيه، أو إلى المستحدث الذي يمكن أن يكون من أثر الدخيل أو اللغة الأجنبيّة.

ويمكن أن نتمثّل في السياق الذي نحن به، بالجزء الأوّل من «الكتاب أمس المكان الزمان»[46]، حيث «تقنّع» أدونيس بالمتنبّي من جهة التّلبيس عليه أو إظهاره بخلاف ما عليه؛ الأمر الذي يجعل الشعر مشتبهاً بغيره خافياً عليه في ذات الآن.

والشعر الذي نحن به وفيه، علاقة مخصوصة بالذات واللغة وهي العربيّة الأدبيّة. وإذا كانت القصيدة خطاباً تؤدّيه «ذات» ما، وجاز القول إنّها عند الشاعر «مغامرة لغويّة»، فلا مناص من اعتبارها مغامرة الذات المنشئة أيضاً في لغتها وبلغتها، إذ يصعب دون ذلك أن نفسّر كيف تبني القصيدة إيقاعها الخاصّ. غير أنّ آصرة القربى بين «الذّات» ولغتها، تقتضي التّمييز بين «الذّات» و«شخصيّة الشّاعر»، دون أن يستتبع ذلك الفصل بينهما كلّ الفصل. والذات تمثل على أنحاء عدّة، فقد تكون هويّة، وقد تكون كياناً تاريخيّاً أو اجتماعيّاً أو سيكولوجيّاً أو قانونيّاً. ومهما يكن فلا مناص من وجود علاقة زمنيّة مكانيّة بين الشّاعر ولغته؛ على إقرارنا بأنّها ليست مثبتة قطعاً ولا هي قصديّة قطعاً. ولا سبيل إلى اكتناه كلّ هذا أو بعضه إلّا بواسطة لغة القصيدة. وهذا الإيقاع/الخطاب مهما يكن تفرّده، ليس ثمرة عقل

خاصّ أو نفس خاصّة فحسب، وإنّما هو ثمرة نصوص وخطابات أخرى أيضاً تتحدّر إليه من أكثر من صوب، وتتردّد في جوانبه مجهورة حيناً، مهموسة حيناً، ممّا يراكم خطاباً فوق خطاب، وإيقاعاً على إيقاع؛ أي هو ثمرة لغته الأمّ أساساً مثلما هو ثمرة المؤثّرات التي ألمّت بالشاعر. وهو ما يجعل حدّ الخطاب أمراً في منتهى الصعوبة، ناهيك عن حدّ الشعر نفسه.

وقد لا نملك سوى القول إنّ «الشعر» يبدأ من منتهى القصيدة، ويكون في عقبها أو طرفها. بل قلّما انتبهنا إلى «فرع» فيها هو من أظهر سمات هذا الخطاب، ونعني حضور ضمير المتكلّم في نظامه، سواء أداره الشاعر بصيغة «أنا» أو على مقتضى أسلوب «الالتفات» من انصراف المتكلّم عن الإخبار إلى المخاطبة، وعن المخاطبة إلى الإخبار، إنّما هو من مقوّمات قراءة الألفة، إذ يمكن أن يدلّ حدساً أو ظنّاً على تجربة عند القارئ هي تجربة «التقبّل الذّاتي» أو إدراك الذات وتعرّفها.

وهي ليست متجانسة عند جميع القرّاء، ولكنّهم يتقاسمونها بنسبة أو بأخرى. و«أنا» هي بمثابة واصل بين القارئ والنصّ. والقرّاء جميعهم يتوفّرون على هذه الملَكة في إسناد الكلام إلى النّفس، والرّجوع إلى الذّاكرة من حيث هي قوّة نفسيّة تحفظ الأشياء وتستحضرها عند الاقتضاء. وواسطتهم في ذلك ضمير التكلّم في النصّ، إذ يحيلهم على تجربة جسديّة ونفسيّة لهم علم بها وخبرة، أو هم يدركونها بالاختبار لا بالنّظر. وما نلاحظه في استعمال الضّمير «أنا» أنّ المرجع هو سريرة المتكلّم الخاصّة أو دخيلته. ولعلّ في

هذا ما يسوق إلى القول إنّ إدراك القول، أو الملفوظ يفترض اختزال الفرديّة لكي يتيح فهم الأمور المتعلّقة باستعمال «أنا» في هذا النّمط من تجربة القراءة القائمة على إيلاف النصّ والأنس به.

وهو رأي تعزّزه هذه «الأنـا» التي تتكلّم في القصيدة، سواء أفصحت عن نفسها بضمير المتكلّم أو بصيغة من صيغ «الالتفات» أو حتّى بصيغة المبنيّ للمجهول. وليس أدلّ على ذلك من الملحوظة التي تحدّ الكتاب وتوجّه القراءة وجهة مخصوصة: «مخطوطة تنسب إلى المتنبّي يحقّقها وينشرها أدونيس». ولكنّ وضع هذه الذّات متّصل كأشدّ ما يكون الاتّصال، بوضع المخاطب. وسلطتها وهي التي تحتاج الآخر وتستدعيه، سلطة نسبيّة أو هي قاصرة، الأمر الذي يسوق إلى القول بنوع من «إنشائيّة التّلفّظ» التي تعاين الكتابة من حيث هي إجراء لغويّ مشترك، والقراءة من حيث هي مشاركة فاعلة يتحصّل فيها المعنى من تبادل سلطتين فأكثر:

«هو كرسيّهُ / هل يفكّرُ؟ / هل يتذكّرُ؟ / لا زائر / اليومَ / يشبه من زاره أمس والبيتُ / ينسى / أتُراه يحاورُ زوّارهُ ويجسّ تقاطيعهمْ بأصابعَ / لا يعرفُ الظنّ من أين يأتي / آهِ كرسيّهُ متعبٌ / تعبٌ في يديهِ وفي قدميهِ وفي الصدرِ / والقلب – ثوبٌ من غبارٍ / يغطّيه يحنو عليه / أيّها الثوبُ شكراً[47]».

ترد هذه الذات الفرد بصيغة الالتفات أو العدول من التكلّم إلى الغيبة؛ هي في الحقيقة ذات جمع [أنا هو/ الكرسي]، حيث تتراءى طيوف ذوات متدافعة متزاحمة في خطاب محكوم بنوع من «التّخلّق»

أو التبدّل في نسيجه أو ما يمكن أن نسمّيه «متغيّرات العلامة المكتوبة». وهذا الضمير يضعنا إزاء متلفّظ أو قارئ يمكن القول إنّه مفرد بصيغة الجمع ذلك أنّ «الأنا» التي تستوقفنا في النصّ ليست إلّا الواصل الذي يمكن أن يكون «نحن»، أي هذه المجموعة غير المحدّدة التي تتّسع للمتكلّم أيّاً كان؛ بما يسوق إلى القول إنّ القارئ متضمّن في «أنا» مثلما هو متضمّن في «نحن»:

«أهلُ الكوفةِ كلٌّ / جسد أنقاض/ تتناسلُ في أنقاضٍ/ أهل الكوفة ولدوا سيفاً يتقلّد رأساً / رأساً يتقلّدُ سيفاً / أهلُ الكوفةِ – كلٌّ / يحملُ فأسَهْ / كي يقتلَ نفسَهْ[48]».

إنّ «أنا» المتكلّم في هذا الشاهد وغيره، أشبه باسم لغير علم، يعقد صلة حميمة أشبه بوشيجة القربى، بين المتكلّم وكلامه؛ أهو المتنبّي القناع أم المتلفّظ؟ وهي صلة أساسها عند جاكوبسون علاقة تماثل: «إنّ كلمة «أنا» الدالّة على المتلفظ لهِيَ في علاقة وجوديّة بالتلفظ». فهذا الضمير إذن بالرغم من أنّ ذيوعه أو شيوعه «شديد الغرابة»؛ وليس بالميسور محاصرته، لتعقّده وعدم ثباته. وهذا أفق آخر يمكن أن تفتتحه الموضوعاتيّة التي ينبغي ألّا نحصرها في المعنى أو الدلالة؛ واستئناساً بلغة أدونيس التي تتحدّر في «الكتاب» من سجلّات لغويّة «متنافرة» في خطاب يزاوج بين الغريب المأنوس، والشعري والسردي؛ وتنشأ اللغة/الشعر من علاقة شدّ وجذب متبادلة بين هذه السّجلّات جميعها؛ في سياق بنية التماثل/ التخالف في الشعر. ويعلّلها البعض برؤية للعالم كلّية استند إليها الشّعر من جهة وببنيته المنفرطة من أخرى[49].

ونقدّر أنّ هذه البنية المنفرطة في الكتاب هي التي تكوّن المزيّة الشعريّة، وتحدّها في حيّز «جماليّة المفاجأة» لا «جماليّة التوقّع»:

«لي هوى آخر مقيمٌ بين حبريَ والشيء والكلمات / تُراني أصدّق ما لا أرى / وأنا لا أصدّق ما تتقرّى يدايَ / وما تحت عينيَّ؟ كلّا / لا أصدّقُ غير الرياحِ التي تتدثّرُ ثوب السديم[50]».

وفي هذا تَبِين الشعريّة عن نفسها في ما هو عارض أو طارئ غريب في النصّ قد لا يدرك عند طائفة من القرّاء إلّا بالحدس والظنّ؛ أو بالحسّ الباطن. على أنّنا ندركه في الكتاب في ضوء هذه العلاقة الملتبسة بين المتنبّي قناعاً ووجهاً في آن، سلطة الشعر وشعر السلطة. وفي هذا ما يسمح بالوصل بين القديم والمحدث على قدر ما يسمح بالفصل بينهما. احتذاء ذكيّ على مثال أو اقتداء به، وتشبّه سواء في مستوى الإيقاع المضبوط «التفعيلة» أو الوزن عامّة، أو في مستوى النصوص والشذرات المستصفاة من التراث والتاريخ؛ ولكن على خلاف عادة، أي أنّ ما هو غريب في القصيدة عند المتنبّي أو في سيرته، ينعقد في الكتاب على مقتضى نوع من التّواطؤ أشدّ غرابة وأعنت أداء:

«لستُ من هنا أو هنالكَ / من ذلك العالمِ المنطفئْ / قدمايَ تجيئانِ من طرقٍ / لم تجئْ / أتقدّم في ظلماتِ المكانْ / ترجماناً وضوءاً لهذا الزمانْ[51]».

وهي نوع من كيمياء الشعر، يجيء فيها الشعر من أفق لا ينتهي، ويمضي نحو أفق لا ينتهي؛ أو هو يجيء من مجهول في حاجة أبداً إلى الكشف[52]:

«عبثاً أقرأُ الظلام / عبثاً أقرأُ الضوءَ / لا شيءَ غير الخليطِ المقنّع فيه / يتراءى الظلامُ ضياءً / والضياءُ ظلاماً / أتُراه السرابُ؟ لا شيءَ غير التحيّر فيه / وغير التنبّؤ، لا شيء غير الكلام[53]».

هكذا تعيدنا الشعريّة المعاصرة إلى علاقة القصيدة بالذات المنشئة من جهة، وبالذات المتلفّظة من جهة أخرى. ولو كان في هذا البحث فسحة، لقارنّا بين «متنبّي» أدونيس في «الكتاب» و«متنبّي» الجواهري؛ فقد جعل الأوّل من المتنبّي «براديغم»[54] فيما أعاد الثاني إنتاجه أو هو اتّخذه منوالاً.

وللتوضيح فـ«البراديغم» أو «المثال» أو «الأنموذج» كما يترجمه البعض، إنّما يتحدّد على أساس من جملة العناصر «المعياريّة»؛ وهو من ثمّة يتمثّل «قاعدة»، لكنّه يختلف في «الكتاب» عن الأنموذج الأصلي الذي يتّخذه شاعر مثل الجواهري «مثالاً» لعمله الشعري.

على أنّ المطابقات الأدونيسيّة ليست استعاريّة بالمعنى البلاغي للكلمة، وإنّما هي تعبيرات شبه استعاريّة، إذ هي لا تمثّل بأيّ حال نقل المعنى نقلاً اختياريّاً أو مقصوداً كما هو الشأن في الاستعارة البلاغيّة؛ بل هي من كتابة كنائيّة خاصّة بالشاعر. بل إنّ «الكتاب» لأدونيس شكل مستحدث في الكتابة الشعريّة عندنا (وغنيّ عن الذكر أنّ كلمة «كتاب» إنّما أطلقت على أثرين أوّلهما دينيّ هو «القرآن» والثاني لغويّ نحويّ هو «الكتاب» لسيبويه) وها نحن الآن إزاء «الكتاب» الذي يسدّ نقصاً في ثقافتنا وهو الكتاب الشعري.

لنقل إنّ «الكتاب» لأدونيس «إيكرونيا». و«الإيكرونيا» مصطلح

وضعه شارل رونوفييه في القرن التاسع عشر، ولا أعرف له مقابلاً عربياً؛ ولا أحبّ أن أقطع برأي في ترجمته، وإن كنت أقترح له «التخييل التاريخي» أو «تخييل التاريخ» أو «يوتوبيا التاريخ»[55]. والمقصود به ضرب من التخييل، أساسه إعادة كتابة التاريخ، على أساس من إعادة صياغة الماضي. وهو من هذا الجانب، حدث لم يقع، أو قصّة مغايرة للواقع تدور أحداثها في عالم شبيه بعالمنا، ورغبة المؤلّف في أن يضع نفسه في الماضي، أو «وعي الماضي في الماضي»، حيث يفترض افتراضاته على التاريخ ووقائعه وعواقبه ونتائجه، ويعدّلها متخيّلاً شتى احتمالاته؛ أي التاريخ كما يمكن أن يكون. وهو بعبارة دالّة حقّاً «أرض مجهولة تقع خارج الزمن» أو «زمن لا زمن له»، فالمتنبّي هو المتنبي وليس المتنبّي؛ ممّا يقتضي منّا وقفة غير هذه.

هو «متنبّي» أدونيسيّ خالص أي «كتابيّ». وعند الجواهري أو حتّى عبد الرزّاق عبد الواحد مطابقات بلاغيّة مصدرها الشّفهيّة. أمّا عند أدونيس فهي دليل على غنى لغويّ ومرونة في استخدام الدّوالّ والتّلاعب بالمسمّيات، حيث الكلمة تتّحد جزئيّاً بكلّ الكلمات التي تملأ مكانها، أو التي يمكن أن تحلّ محلّها. وربّما أمكن إدراكها، طالما هي تنضوي إلى كلمات أخرى إمّا معنى أو دلالة؛ كما هو الشّأن في المترادفات والمتضادّات، وإمّا أصواتاً وأجراساً كما هو الشّأن في الكلمات المتجانسة؛ أي الرّاجعة عند الشاعر إلى علاقة المجاورة أو إلى علاقة المشابهة. والشّاعر إنّما يدفع كلمة بأخرى، حتى يظفر بضالّته في الكلمة التي يمكن أن تنهض بالدور المناسب في التّركيب الذي يبنيه.

محمود درويش: المنفيّ/ «لاعب النرد»[56]:

مدخل: النصّ «اللامألوف»:

لا نحسب أنّ الهمّ الإيديولوجي قد ولّى إلى غير رجعة في ما يتعلّق بمجمل المنجزات الفنّيّة والأدبيّة بما في ذلك تجربة محمود درويش وتجربة أمل دنقل. لكنّنا نحسب مع ذلك أنّ هناك فيضاً في ربط نصوص درويش بمرجعيّات تقوم خارجها، وهو ما يجعل هذه المقاربات لا تفعل أكثر من مقايسة هذه النّصوص بوقائع ليست نصّية أو بواقع، والواقع – فنيّاً – ليس أكثر من بنية جوفاء. ونحن لا نرى داعياً إلى رمي هذه المقاربات بشبهة الخروج عن النّصّ، كما لا نرى داعياً إلى تبرئة النّصّ الدّرويشي نفسه من «تحريض» غير مقصود على مثل هذه المقاربات. إذ يصعب أن ننكر أنّ النّصّ أو الأثر، أيّ نصّ أو أيّ أثر، لا ينتسبان بنسَب من الأنساب إلى ما يوجد خارجهما، أي إلى وقائع قد لا تكون بالضّرورة من طبيعة نصّية. كما أنّه من الصّعب أيضاً أن ننكر كون النّصّ الدّرويشي يخلو من عناصر التّحفيز للقيام بمثل هذا الإرجاع؛ فهو يحفل بإحالات إلى واقع يوجد خارجه يعلم النّاسُ طبيعته ومجرياته بتفاوت لا محالة؛ وإن كانوا يعلمونه في سياقات أخرى وخطابات أخرى؛ غير سياق القول الشّعريّ وخطابه. ولمّا كنّا قد قدّرنا أنّ استئناف مثل هذا المنحى الذي يقرأ محمود درويش استناداً إلى مرجعيّة مغايرة (هي غير النّص المقروء)؛ مرجعيّة تتمثّل أساساً في قضيّة فلسطين، إنّما هو يتولّى فقط مراكمة قراءات حاصلة بالفعل، إن لم يكن مجرّد

تَكرار لها ليس إلّا. ونحن إنّما ننحاز إلى القراءات التي تركّز على ما يُسمّى المرجعيّة الذّاتيّة.

قد تكون الكتابة عند الشاعر فعل إبعاد، والإبعاد هو دائماً غير المدرك وغير الحاضر وغير الواعي. وهي بهذا الصنيع لا تهب نفسها، كما هي في تجربة ظواهرية لحضور ما. والقارئ لا يرى عادة ما يقرأ، وإنما منشوده أن يسمع معنى الشيء الذي أراد الشاعر «المتكلّم الغائب» قوله.

إن المشكل هو معرفة المدى الذي تؤدي فيه الكتابة الفنّية وظيفة النافع حقاً، إذ قد تلتمس في الكتابة تأثيرات خاصّة قد تصمد وتستمكن، وقد تندثر وتزول. ذلك أنّ تفسير الكتابة الفنّية، من منظور «نفعي» خالص، ليس بالنافع المجدي، فربما كان من مقاصد صاحبها أن يسمو بالكتابة إلى كمال مقسوم، أو أن يحرز منها، قوّة يغالب بها قوى طبيعيّة أو غيبيّة عاتية أو يروّضها بالقلم الموفق والحروف المسطورة.

إذن قد تخدعنا الكتابة، وقد تموّه علينا، خاصة في نصّ «لا مألوف» مثل «لاعب النرد» يتجاذبه قراؤه؛ وقد يسترسلون مع نزعات النفس ونوازع التحيّز؛ فتتلوّن قراءاتهم بأمزجتهم وشتّى المؤثّرات التي ألمّت بهم. وربما أسبغ كل على النصّ من نفسه وفاض. وربما قطعوا، بهذا الصنيع علاقة بيننا وبين النصّ في منابته.

إن تخيّر الكتابة عند الشاعر، لا يرجع إلى وظيفة «النافع» أو «الالتزام» ولا إلى قيمة باطنة تستمدّها الكتابة من طبيعتها الخاصّة.

وإذا كان في القول بالنفعيّة عند الشاعر «الملتزم» مثلاً مقدار من الصحّة، فإنّ هذه النفعيّة وإن أعانتنا على تفسير الميل إلى الكتابة والأخذ بها في أطوار دون أخرى، لا تكفي وحدها لتفسير الكتابة الفنّيّة التي يستشعر القارئ صعوبة، أو يجد عنتاً في إيلافها أو إدراكها.

فليس بالمستغرب إذن، أن ينهض الإدراك عنده، على ربط هذا النوع من الكتابة بتجربة شعريّة سابقة، كما هو الشأن عادة في أي إدراك أدبي؛ على نحو ما نجد عند قرّاء محمود درويش مثلاً. وسواء كان التماثل قائماً بين التجربتين أو لم يكن، فإنّ إدراك القارئ ما كان ليستتبّ، لولا الفروق التي استشعرها بين النص «اللامألوف» الذي هو فيه، والنماذج السابقة عليه، أو تلك التي لم تفارق مفهوم الشعر المعروف عنده. فمن الصعوبة إذن أن نبحث في الإدراك دونما بحث في العدول عمّا هو معروف، أو في ما هو فرق، وحيْد (بتسكين الياء) بين «لا مألوف» ومألوف، بما يسوق إلى القول إنّ الإدراك من حيث هو ارتباط بنمط من أنماط المعرفة، لا يمكن إلّا أن يجمع إدراك المختلف إلى إدراك المؤتلف. والسؤال هو كيف يتأدّى هذا الإدراك، أو الإجراء المعرفي في القراءة؟ وما الذي يترتّب عليه عندما يتطلّب القارئ هذا «الغريب» فيخفق، ويحجز النص القراءة بدل أن تدركه القراءة؟ كيف يرى القارئ هذا «الغريب اللامألوف»؟ وكيف يمكن «تَعرّفُه» والتحقّق منه؟ والحق أنا لست متأكداً ما إذا كان مصطلح Reconnaissance الفرنسي يناسب المصطلح الإنجليزي Recognition. ولعل الأقرب إلى الصواب هو الاختيار بين Reconnaissance التي يمكن أن تُحمل على معانٍ مثل

التعرف والاستكشاف والتحقق والاستطلاع وIdentification التي يمكن أن تحمل على المماثلة، أو المطابقة أو التماهي أو ما يسمّيه الفلاسفة تحقّق الذاتية.

نقول هذا لأنّ الأمر أشبه ما يكون بالـ«Punctum» أي نقطة الكثب أو القرب، فكلما دفع بها القارئ إلى حكم قيمي، اضطربت الرؤية واختلطت وكفّت عن أن تكون واضحة مميّزة. ولا فرق في هذا بين القرّاء، سواء استوصلوا النص بمألوف الشعر تمحّلاً واعتسافاً، أو نشدوا شوارده وطلبوا ضواله على «طرائق الشعر» المألوفة، أو المعهودة، فقيّدوا حدوثه بحدوث سابق عليه، بل لعلّ قراءة «المعترضين» أن تكون أنمّ على تجربة خاصّة يخوضها قارئ مشدوه مستغرب سواء استساغ بعض هذا الشعر أو تجافى عنه. إنّ الإدراك يجري إذن على أساس من مقايسة بين حدوث غير معروف أو غير سائغ عند طائفة وحدوث معروف عند طائفة أخرى، أو أنّ «القياس يطلقه». ونرجّح أنّ مقايسة كهذه، دليل على أنّ القراءة تصطنع ترسيمة خفيّة لما تعدّه أظهر خصائص هذا الشعر، ولا نملك ها هنا إلا أن نتساءل ما إذا كانت هذه القراءة تبرز حقّاً الخصائص الأعمق في الشعر أم هي تقتطف الكلام وتحتفظ منه بـ«مجمل القول» المميّز الموجود في النص، أو المستخلص منه؛ ثم تستظهر به من حيث هو مملوك الشاعر وخصائص طريقته؟

الجواب الذي نثبته، بشيء من الاحتراز، أنّ ترسيمة كهذه تستأنس بالسمات المهيمنة في الشعر، تبني القراءة على إيلاف النصّ والأنس به؛ ولكن دون أن تحيط به في كلّيته. واختزاله في ظواهر بعينها لا

يمكن إلا أن يجعل إدراك النص إدراكاً متقطّعاً وقراءته قراءة مقتضبة، ولا نخالنا نجانب الصواب إذا نعتناها بالقراءة البلاغية التجزيئيّة.

يمكن بناءً على ما تقدّم أنّ نتميّز نمطين من القراءة: قراءة التعرّف وقراءة الإيلاف (من آلفتُ الشيء، أولفه إيلافاً كما في سورة قريش؛ على اختلاف قرّائها هي أيضاً، إذ كان منهم من قرأ «إلافهم» بغير ياء مقصورة الألف، و«إلْفهُم»).

وهي قراءة تقوم على تعرّف النصّ والتحقّق منه من خلال المماثلة بينه وبين نصّ آخر حيناً كلّما وشج القارئ قرابته بهما، ومن خلال المباينة حيناً. وفي الحالين كليهما يفقد النص صورته ليتّخذ صورة القارئ.. ولا فرق في هذا بين قارئ وآخر، فالمعنى الباطن الذي ينشده هذا أو ذاك، في النصّ «الغريب» هو المعنى الخفيّ المستتر، أي هو دلالة منجزة ما على القارئ إلا اكتشافها بواسطة نصوص وروايات يدفع بعضها بعضاً. والقراءة، بهذا المعنى، قراءة حافّة بالنص، لا يصدر صاحبها في تأويل الغريب عن منطق النصّ، وإنما عن نصوص مماثلة لها أو مباينة.

إن القراءة إذ تعبر من نصّ إلى نصّ يمكن أن تكون هي أيضاً فعل تبديد أو مراوحة بين معنى ينشده الشاعر ومعنى يؤدّيه القارئ؛ فلا يكون لصورة الأول البنية نفسها التي لصورة الثاني. وكثيراً ما تترجّح القراءة، بسبب من ذلك، وتظلّ «مقبوليّة» المعنى معلّقة مقدّرة؛ بل إنّ الصورة تمّحي في المعنى الذي تضيفه القراءة إليها أو تضفيه عليها. ذلك أنّ الشرح أو التفسير يقتصر في مواضع كثيرة

على وضع «المعنى» في علاقة مباشرة مع صيغة تعبيره، أو مع البنى القوليّة المخيّلة، التي تدلّ عليه، وكأنّ الصورة قول مركّب لا يسلم فيه بالمعلول، إلا إذا لزم عنه لذاته علة.

خطاب المنفى:

ما بين قصيدة درويش وفكر إدوارد سعيد، شيء كالسرّ حيث كلّ منهما «يخترع» فلسطينهُ من هامش ما أو حاشية ما، أو مسافة ما. نقول هذا بحذر كبير، ومعرفتي بتجربة درويش أعمق بكثير من معرفتي بسعيد الذي أعوّل في فهمه على دارسيه من العرب والأجانب؛ بحكم أنّي أتدبّر فكره مترجماً إلى الفرنسيّة والعربيّة. ولكنّي أكاد أطمئنّ إلى الرأي القائل بأنّ ما يجمع بين هذين «المؤتلفين المختلفين» إنّما هو «الاغتراب» الذي تولّدت منه الكتابة عندهما، وتحرّرهما من سلطة الأعراف وشتّى مؤسّسات المعرفة التي تتمثّل الثقافة الفلسطينيّة عامّة؛ على ضرورة تنسيب الحكم، فقد كان هذا «التحرّر» أقلّ عنتاً عند سعيد الذي يعيش في الغرب «الحرّ» منه عند درويش. ولكنّ كلاً منهما كان يعيش تجربة المنفى، ويعرف كيف يجعل من «فقدان» فلسطين، مدخلاً، لا إلى الهويّة الفلسطينيّة فحسب، وإنّما إلى إعادة ابتكارها أيضاً.

والمنفى عند سعيد الذي هجّر من القدس، مع عائلته عام 1947؛ شأنه شأن درويش، حال مجازيّة أو حافز إبداع، على قدر ما هي تاريخيّة مردّها إلى طرد وحشي، وتمزيق أرض وتهجير قسري؛ ولكنّه أيضاً «روح شتويّة» في أيّام المنفى الباردة؛ أو كما يقول

درويش وكأنّه يذكّرنا بالعبارة الفرنسيّة «له ستّون شتاء» أي هو في الستّين من عمره:

«الآن في المنفى... نعم في البيت،

في السّتين من عمر سريع

يوقدون الشّمع لكْ

فافرحْ، بأقصى ما استطعت من الهدوء،

لأنّ موتاً طائشاً ضلّ الطريق إليك

من فرط الزحام... وأجّلكْ[57]»

والمنفى جرح لا يندمل، وحزن مبرّح؛ أو «حياة مشوّهة» بعبارة أدورنو الذي يستأنس به سعيد. لكنّه يغدو أداة مقاومة وتحرّر. بل هو عالم خصوبة، وليس جدباً روحيّاً؛ ولذّة للمبدع الذي يتحرّر من ضيق المكان، ومن لزوم ما لا يلزمه من إكراهات التصرّف بشكل مخصوص، استجابة لشروط مقرّرة يمليها الفكر والهويّة. بل يتحرّر من كلّ ما هو جاهز أو مصنوع مسبّقاً على مقاس أمّة أو مجتمع أو مكان أو ذاكرة أو سرديّة معيّنة. والمنفى من هذا المنظور، عند هذين الفلسطينيّين، إبداع يحقّق تلك المعادلة الصعبة بين الفرد الذي «ينقطع» عن المجموعة، ويبقى فيها، فيمشي في الناس وحيداً، وبين مضايق العبارة وسمت الأحداث.

المنفى ليس «استئصالاً جراحيّاً» كما تقول الفرنسيّة لاتيسيا

زاشيني[58]. والاستئصال كما نفهمه هو البتر أو القطع قبل الإتمام. وإنّما هو جدل بين الداخل والخارج، والاعتزال والالتزام، والذاكرة والنسيان، والارتيابيّة والنزعة الإنسانيّة، والمألوف والغرابة، وترك الأرض، وأرض التبنّي، وأرض الأحلام، وعطفات التاريخ وثناياه، وضياع المكان فالعودة إليه، أو المصالحة معه إلى أجل غير مسمّى. وقد عاد درويش إلى رام الله، ولكنّه لم يعد إلى فلسطين. وهو ما ندركه من شعره ومن حواراته. لكن ما يحسن بنا في هذا السياق هو أن نتنبّه إلى أنّ المقصود ليس «المنفى الاختياري» فهذا من الغربة أو الاغتراب والاعتزال؛ أو لنقل إنّ كلّ منفى غربة، وليست كلّ غربة منفى. على أنّ هذا أو ذاك يقوّي الذاكرة، فلا ينقطع من المكان الأوّل أو «أوّل منزل» أثره في المنفيّ، حتى وهو يتعهّد ذاتيّة مخصوصة «متشكّكة» كلّما تعلّق الأمر بخطاب متحكّم استبداديّ، أو اتّخذ هيئة من تساؤلات النقد الذاتي، حيث يتفحّص المنفيّ منجزه السابق. وفي ما يخصّ درويش، نقدّر أنّ هذا ممّا ساعده على إغناء تجربته الشعريّة، ونقلها نقلة نوعيّة. وللمنفى عتبات كثيرة، لا يقف عليها إلّا الذين اختبروا مضايقه من فلسطينيّين وسوريّين وعراقيّين وغيرهم؛ والقرن العشرون كما يلاحظ سعيد، هو بكلّ جدارة قرن الهجرات الكبرى التي لم تنقطع، بل نراها تزداد ضراوة يوماً بعد يوم؛ حيث إنّ «خارج الإقليميّة» هو الظاهرة الأكثر انتشاراً، وليس استقرار الناس في أوطانهم. وقد تكون أوّل هذه العتبات عتبة الشعور، حيث تبدأ الخبرة بالظهور، فالوعي بالانتماء أو الانتساب إلى وطن أو مجموعة؛ لكن دون أن ينتمي المنفيّ إلى أيّ منها، حتى عندما تكون حاله في ما نسمّيه «الوطن الثاني» أشبه بـ«تعريق النبتة» كلّما امتدّت

عروقها بعيداً في الأرض؛ فهي إنّما الأصل الذي يذهب سفْلاً، ومنه تتشعّب العروق. ولعلّ هذا ما يفسّر نبرة «الاعترافات» التي تستوقفنا في كتابات سعيد، وفي مجاميع محمود ما بعد بيروت، أو بدءاً من «الجداريّة» على ما نرجّح، إلى نصّه الأقوى «لاعب النرد» وهو الذي نتّخذه مثالاً للخطاب الشعري الكنائي، في ما يأتي. وهي تخصّ عندهما مساءلة «الجذور» سواء في البلد الأمّ أو بلد المنفى، لكن من دون أن تتّخذ ذلك الشكل «التأسّلي» الذي يعيد صاحبه إلى طبائع الأسلاف، أو يجعله يتشبّه بهم في أخلاقهم وشمائلهم.

فالمنفى عند هذين الفلسطينيّين «مباعدة»، وأفضّل شخصيّاً هذا المصطلح المستعار من المسرح الذي يعني موقف البعد المتحفّظ، يتّخذه الممثّل من شخصه، والمشاهد من العمل المسرحي؛ وهو أنمُّ وأدلّ على ما نحن بصدده، من مصطلح «إبعاد». والمباعدة «هجرة داخليّة» وموقف معطّل أو هو «معلّق». ودرويش وإن كان يستنبت نصّه في تربة الميثولوجيا الفلسطينيّة، فإنّ قصيدته تفيض عن هذه الميثولوجيا وعن الشعر، فنرى فيضها يغطّي «سرير الغريبة»، بل يصل إلى أبعد من زهر اللّوز وحواره مع سعيد، حيث يتمازج الصوتان؛ إلى «فلسطين الأخرى» أو الطريق التي لا تفضي إلى أيّ مكان. والشّاعر الحقّ هو الذي يجيد التّعامل مع ثنايا اللغة، أي طيّات صرّة العلامات والرموز التي يحملها الإنسان، وهو الذي يجيد طرحها وثنيها، يطرح الذي جعّده الكمش وشوّه مرآه، ويطوي أو يثني ما شطّ به البسطُ حتّى كادت تتمزّق حواشيه. وهو «محنة اللفظ» كما يسمّيها القدماء، على نحو ما نجد في حوار الشاعر مع

المفكّر؛ وهما اللذان لم يكفّا طوال حياتهما عن مقاومة التزمّت بشتى أشكاله، من أجل الاحتفاء بتعقّد الهويّة وتعدّدها، وكرم ضيافتها. ولا غرابة في ذلك، فالمنفى عالميّ متعدّد، وفلسطين «سيّدة البدايات» هي أرض عالميّة بامتياز. بل إنّ سعيد يكاد يحذو حذو أدورنو «فقد ولّى زمن البيت»، وحذو نيتشه في المعرفة المرحة: «إنّه لمن دواعي غبطتي أن لا أكون مالكاً [لمنزل]»[59]. وما يميّزهما هي هذه الحركة المستمرّة ذهاباً وإياباً، التي هي أشبه بمفصل في نابض؛ تسمح بفتح باب في الاتجاهين، بين التجربة والخلق، بين الشعر والحياة؛ بين المكان الفلسطيني والفضاء العالمي[60].

لاعب النرد/ لاعب الشعر:

محمود درويش الذي تعرّفنا إليه وعليه، لاعب نرد حقيقي، ولكنّ هذه اللعبة، على ما يبدو من سيرته الشعريّة، لم تشحذ مخيّلته، ولا هي كانت من دواعي الشعر لديه.

ولعلّ الأقرب إلى الحقّ أنّ ترجمة محمّد بنّيس لقصيدة مالارميه الشهيرة «رمية النرد»[61]، والمقدّمة الممتعة التي كتبها لها؛ هي التي نبّهته إلى ما أحبّ أن أسمّيه «نرديّة النرد» قياساً على قولنا «شعريّة الشعر» أي ما يجعله شعراً؛ أو كأن نجعل الحجر «حجريّاً» أو نكتنه في الأخضر خضرته، حيث الكلمات تضيء وتستضيء، ويقدح بعضها بعضاً بعبارة مالارميه. والأشياء إنّما هي شعريّة بسبب من بنيتها لا محتواها أو موضوعها. فقد أدار محمود نصّه على صور افتراضيّة محورها كلمة «المصادفة» و«الحظّ»، وهما الكلمتان

اللتان أتاحتا لبنّيس أن يصل قصيدة مالارميه بأصل عربيّ أندلسي، ويكشف عن أنّ الكلمة الفرنسية Hasard مشتقّة من كلمة الزهر العربيّة. وإنّها لكذلك، فقد انتقلت هذه الكلمة إلى الإسبانيّة، ومن هذه إلى الفرنسيّة؛ في نوع من سياحة الكلمات. وهي تحمل في لهجات المغاربيّين، اسم «الحظ». وتُطلق كلمة «الزهر» عندنا على النصيب من الخير والفضل، بالرغم من أنّ كلمة «حظّ» في العربيّة قد تُطلق على النصيب من الشرّ أيضاً. ولكنّي لا أدري ما إذا كانت ترجمة بنّيس هذه «رمية نرد لا تبطل الزهر» سائغة – على طرافتها – إذ نحن نخشى بهذا الصنيع، أن نملي على النصّين الفرنسي والعربي، ما ليس منهما أو ما قد يجافي خاصّتهما، أو نجعل العاميّ «الزهر» بالمعنى التونسي أو المغربي، يزحزحُ الفصيح، وينوب منابه دون وجه حقّ. والمقصود بزهر النرد هو قطعة العاج أو العظم المكعّبة المستعملة في هذه اللعبة «لعب الطاولة» كما نسمّيها بالعامّية. فضلاً عن أنّ الكلمة الفرنسيّة لا تعني «الحظّ» إلّا في استعمالات مخصوصة مثل التركيب بالنعت: حظّ سعيد Heureux hasard وفي ما عدا ذلك، فمعانيها لا تخرج حسب سياقها واشتقاقاتها، عن المصادفة والاتفاق والمخاطرة والمجازفة والمقامرة والمفاجأة والسير بلا قصد والرمية من غير رامٍ، واستعمال عبارة غير موثوقة. ونقدّر أنّ شعريّة مالارميه أمسُّ بهذه المعاني، إذ هي منشدّة إلى «الديونيزوسيّة»، وليس إلى «الأبولونيّة». وعليه فالترجمة التي نقترحها لعنوان قصيدة مالارميه: «أبداً لن تبطلَ [تعطّل] الصدفةَ رميةُ نرد»؛ خاصّة أنّ العبارة الفرنسيّة Coup de hasard تعني «صدفة» ومالارميه نفسه يرى أنّ الكلمات في الشعر، يشعل بعضها بعضاً، أو يستضيء

بعضها ببعض؛ وكأنّها تتلاقى مصادفة أو بواسطة نوع من اللعب.

لا حرج من إدراج مفهوم اللّعب[62] بالمعنى «الإستطيقي» للكلمة، أي طريقة وجود الأثر نفسه، ضمن ما يمكن أن نسمّيه «أنطولوجيا الشعر» ودلالته الهيرمينوطيقيّة. أقول «الإستطيقي» ولا أقول «الجدّي»؛ لأنّ اللعب جدّ هو أيضاً. وهو ما لا نظفر به في معاجم العربيّة التي تضع كلمة «لعب» ضدّ جدّ، أو بمعنى مزح أو فعل فعلاً لا يجدي عليه نفعاً، أو بقصد اللذة والمتعة أو تزجية الفراغ.

لا حرج إذاً مادام الأمر يتعلّق ببنية وجود الأثر نفسه. وللتوضيح فإنّنا نحاول، على أساس من الموقع الذي نتّخذه من هذه القصيدة الاستثنائيّة في تجربة محمود، أن نفتح «ثغرة» في جدران هذا العالم عالم اللّعبة الفنّيّة المنغلق على نفسه أستيطيقيّاً. ولعلّه من الواضح أنّ عملنا وهو مختزل جدّاً، بحكم السقف المحدّد لهذا المقال؛ ليس بالعمل التأويلي، لأنّ بنية الشعر – على ما نرجّح – بنية هيرمينوطيقيّة، أو هي مؤوّلة سلفاً، أو أنّ النصّ ينشأ مؤوّلاً. ربّما كان محمود إذن يتأوّل «نرد» مالارميه، أو هو يلاعبه.

نسوق هذا دون أن يكون من مقاصدنا تجريد مفهوم اللّعب من الدّلالة الذّاتيّة، إذ لا نخال المكانة التي تحوزها الذّات (ذات محمود من حيث هي ذات متلفّظة) في هذه اللّيدولوجيا، بخافية. ولعلّ تعديل الأنا – أفكّر الدّيكارتيّة بأنا – ألعب يمكن أن تبدّد بعض حذرنا بذات تشطّ أو تتسلّط أو تهيمن بصلف على العمليّة الفنّيّة؛ على اعتبار أنّ الأنا – ألعب هي علاقة مفتوحة أكثر منها كياناً أنطولوجيّاً «ترنسندنتاليّاً».

سامي مهدي: الكنائي/ الرمزي في «حنجرة طريّة»[63]

أمّا تجربة سامي مهدي فالمسوّغ في التمثّل بها سببان: أحدهما اطّلاعي على أكثر مجاميعه، وإن كنت أتمثّل هنا بمجموعته «حنجرة طريّة»؛ والآخر - وهو رأي أجازف به - فهذا الشعر في تقديري صورة لأظهر خصائص المدرسة العراقيّة، قلّما اجتمعت في شعر شاعر عراقيّ. وأقصد قوّة اللغة (وأستثني البيّاتي والحيدري فلهما شأن مختلف)، والتمرّس بها واستكشاف مدى استجابتها للخيال أو استجابة الخيال لها؛ حتّى إنّ المعنى فيها موقف منها أو هو افتتان بقوّة الكلمة على خلق الصورة، وربّما تعذّر، بسبب من ذلك، على الإدراك.

يُعرّف الشعر في الأعمّ الأغلب، باستخدامه الخاصّ للغة؛ أي بمعنى «الفرق» عن اللغة المتداولة، وهو حدّ غير دقيق، إذ كثيراً ما يتلفت سامي مهدي ناحية النثر لا في هذه القصائد النثريّة التي أشير إلى بعضها في ما يأتي، وإنّما في أكثر شعره الموزون، حيث يطعّم قصيدته بسرديّة خاطفة أو مطوّلة، وبمفردات اليومي والمعيش، ويخلّصها من الإسراف في التّنغيم (إلّا في الموزون حيث يحرص على القافية) لكن دون أن يمنعها ذلك من أن تكون نصّاً شعريّاً «إنشاديّاً»، وهو الذي يعيد تركيبها في الميديوم/الوسيط الشعري؛ حتى إنّ ما نسمّيه «قصيدة النثر» يمكن أن يكتب داخل الوزن، كلّما تخفّفت (الشّعريّة) من شعريّتها أو مِمّا زاد منها على الحاجة أو من فضل القول.

القصيدة التي تفتتح هذه «النثريّات» الاستثنائيّة في تاريخ قصيدة

النثر، هي قصيدة «حنجرة طريّة» وهو العنوان الذي وسم به الشاعر الكتاب كلّه بقسميه الموزون والمنثور والقسم الثاني منه «النثري» يستدعي وقفة، ولو عجلى، على العنوان فهو ليس مجرّد «تعيين خالص»، إذ هو ينهض بوظيفتين معاً: غرضيّة وشكليّة. والأولى تومئ إلى محتوى النصّ، فيما الثانية «تجنيسيّة» أو فنيّة.

وهذه القصيدة تؤكّد على بساطتها المراوغة ما يسمّى «الجوهر التأثّري» في الشعر أي إيقاع الأشياء والذوات؛ أو ما يتلقّفه الوعي ونحن نتذكّر أو نحلم الحلمَ الذي يملأ كلّ أرجاء عالمنا الخاص أو ما يسمّيه علماء النفس «الذاكرة التأثيريّة»؛ فلا يتبقّى من الجارة التي تعوّدت أن تصرخ في كلّ ليلة «سوى حنجرة طريّة» أشبه بأثر مخزون في الذاكرة. و«الجارة» قد لا تكون أكثر من «معادل موضوعي» أو «معادل كنائيّ» أو «معادل انفعاليّ» أو «خيال سمعيّ» للفكر أو للشعر نفسه، حيث الحنجرة الطريّة هي الكلمة الطازجة الدقيقة في مقابل الكلمة التي تذبل وتضمر وتفقد جدّتها ونعومتها. وربّما ليس أدلّ على ما نحن بصدده، وأنمّ من كلمة خشخاش، والخشخاش ليس مجرّد النبات الذي يستخرج منه الأفيون، وإنّما هو في القصيدة رمز لكل شيءٍ يابس أو ميّت، لا يصدر عنه سوى صوت أشبه بصرير الحشرجة؛ إذَا حُكَّ بعضُهُ ببعضٍ:

«ذات ليلةٍ سمعت جارتي تصرخ/ فحملتُ ريشي وذهبتُ إليها/ منحتها هدهدةً وشيئاً من الخشخاش/... حتى جاءت ليلة صرختْ فيها كثيراً/ صرخت حتى الموت/ ولم يكن لديّ خشخاش/ وكانت بي حاجة إلى هدهدَة».

والنصّ أشبه بسلسلة من الأحداث المختزلة تتمثّل واقعة خارجيّة، يقدّمها الشاعر بخبرة حسيّة؛ فتكون مثار الوجدان أو الانفعال. والحقّ أنّ سامي مهدي يصوغها في شكل معادلات رياضيّة للحالات الإنسانيّة، تنمّ عن قوّة ذهنيّة قد يكون مردّها إلى تكوينه العلمي.

ولعلّ ذلك كان سبباً من أسباب حفاوة الشاعر بالتعبير الكنائي أو الرمزي الذي لا يقاوم القراءة ولا يحول دون استعادة المعنى، لما تقوم عليه الكناية من المجاورة، ومن الوظائف التي تعلق بها سواء أكانت إفهاميّة أم إخباريّة مرجعيّة، بل جماليّة أيضاً ترجع إلى إيقاع الائتلاف بين المختلفات؛ أو «تأليف الغريب».

ومن هذا الجانب فإنّ ظاهرة كهذه أبعد من أن تفسّر بطغيان وظيفة دون أخرى، فثمّة في كلّ هذه النصوص؛ مراوحة لا نخالها تخفى بين ما هو «جماليّ» وما هو «مرجعيّ» أو ما نسمّيه «شفافية التّوصيل». وأمثلة ذلك كثيرة في هذا الكتاب، فـ«داليّة المعرّي» مثلاً استئناف لإنشائيّة الأثر. وهذه القصيدة تنشأ منذ البداية قرائيّة، كما أوضحنا سلفاً في «المهاد النظري»:

«تسُوقني دالية المعرّي في كلّ يوم/ فأمشي بخفّة ويقظة/ لئلّا أرفس جمجمةَ أحد الأسلافـ/ ولكن سرعان ما أنسى/ وأسلمُ نفسي لخيلاء الأحياء...».

ولا نخال صورة كهذه إلّا مظهراً لمعنى ناجز تامّ سابق على النّصّ (خفّف الوطءَ في النصّ الأمّ) وإن كان ذلك لا يحول دون أن ينشئ معنى أو فضل معنى إبّان قراءته؛ كما هو الشأن في صورة

التفاحة التي تنطّ مثل ضفدع، لنكتشف أنّنا مهما دارينا، أن سلّم الحياة مصاطب من عظام الموتى. وهي صورة «خلاسيّة» مركّبة لا تغني هذا النصّ فحسب، وإنّما تغني السابق أيضاً أي نصّ المعرّي، بحيث يُقرأ في ضوء لاحقه في سياق شكل من أشكال التداخل؛ حيث الزمنيّة الشعريّة لا تتوزّع إلى ماضٍ وحاضر ومستقبل، وإنّما هي حاضر أبديّ:

«الأحياء يمضون ولا يلتفتون / وفي يد كلّ منهم تفّاحة يقضمها بالتذاذ/ ويلفظ بذرتها وراءه/... وفي رأسي صوت نحاسيّ/ يردّد دالية المعرّي».

على أنّ هناك مزاوجة في بعض هذه النصوص، بين أداء شفهيّ وأداء كتابيّ حيث الفصيح يستلهم الكلام المألوف؛ على نحو ما نجد في نصّ «الشيخ غزال» الذي لا يعرف أحد كيف ينام ولا كيف جُنّ. وهو «حكاية رمزيّة» أي «أليغوريا»:

«ذات صباح اختفى الشيخ غزال كما تختفي البروق/ ولم يره أحد بعد ذلك أبداً/ لكنّه ترك وراءه جناحين كسيرين/ وكتاباً مدرسيّاً في طبّ العيون/ وذات مساء أطلّت نجمتان برّاقتان فوق بيته، فقيل إنّهما عيناه/ ومنذ ذلك الحين والنساء العواقر/ ينذرن لعينيه النذور».

وقسْ على ذلك نصوصاً أخرى مثل «الخيول» التي تعرف وحدها لِمَ سُمّيت خيولاً. فهذا النصّ يكشف عن قدرة لا تخفى في استنطاق المعاني الحافّة، أي هذه الدّلالات المتجاورة التي تزري بالمعجم.

ومثال ذلك أيضاً «ضربة حظّ»:

«أحلم بحذاءٍ جديد/ حذاءٍ حديديّ/ أعبر به من قارّة إلى قارّة/ لكنّ آسيا تلك القارة العتيقة/ هي المعضلة/... فما زالت تحبّ الأسمال والثورات ودعابات المتروبول.../ فلم أجد إلّا رأسي/ ولكنّني اكتشفت بعد ثوانٍ وليس أكثر/ أنّ رأسي ليس سوى بطّيخة آسيويّة...».

صحيح أنّ لغة الشاعر ذات إيقاع خاصّ بها يختلف عن جوهر الإيقاع الصّاعد في القصيدة. ولكنّ أخذ البنية الصرفيّة عنده، بالاعتبار يمكن أن يوقفنا على مشابهة «عجيبة» بينها وبين بنية التفعيلات، ويفضي بنا إلى استنتاج قد يرى فيه البعض تمحّلاً؛ ومفاده أنّ الشعراء المتمرّسين بالوزن، هم الأقدر على كتابة قصيدة نثر متميّزة.

أديب صعب: الخطاب الكنائي الفكري:

يعيدنا كتاب أديب صعب، الشعري «حيث ينبع الكلام»[64] إلى سؤال الشعر في علاقته بالفلسفة والميتافيزيقا عامّة. وثمّة دائماً وشائج قربى خفيّة، وضغينة مكتومة بين الفلسفة والشعر. و ثمّة سحر خبيء متبادل بين الشعراء والفلاسفة. ولعلّها غبطة وليست غيرة ولا هي بالعداوة المضمرة، فكلّ منهما يرغب في أن يكون له ما للآخر أو أن يكون القرين؛ فالفيلسوف ينشد عالماً مرتّباً منظّماً بصورة أفضل من الماثل للعيان. وهو يدفعنا إلى التفكير فيه، إذ ليس بميسوره أن يطلعنا عليه. وأمّا العالم الذي يطلعنا عليه الشاعر فهو يباين بل يضادّ إلى درجة عالية، العالم الذي مُنحناه عالمنا المعيش؛ وهو ليس بالوهم أو بالسراب كما قد يقع في الظنّ. بل إنّ الشاعر يستطيع في هذه الحال أن يضع الوهم في مرتبة أعلى من حقيقة الشيء، مثل الفيلسوف الذي

يضع الفكرة أعلى من الشيء ومن الواقع أو فوقه. ولن ندهش أو نستغرب إذا ما التقيا مصادفة أو ضرورة، بالرغم من أنّ الفيلسوف يزعم أنّ بإمكانه أن يشمل في مجال الفكر، دائرة أوسع؛ على حين أنّ الشاعر ينشد بلوغ مركز محسوسٍ أكثر ما يمكن، رائعٍ ممتع أكثر ما يمكن. وقد يجعلنا الشاعر نستشعر لمْح الصلة بين اللانهائي والنهائي، بيننا وبين العالم؛ وهو موضوع التفكير الفلسفي أساساً. وكلّ ما في الأمر أنّ الفلسفة تحاول تفسيره وحسب.

هذا العمق الفلسفي أو الميتافيزيقي أو المعرفي هو الذي يستوقفنا في تجربة أديب صعب، وفي هذه القصائد الموزونة كلّها؛ وهي التي كتبت في الثمانيات بما فيها «شوارع المدينة» التي كتبت إبّان الحرب في لبنان، وباستثناء «من دفتر الطفولة» وهو قسم يضمّ قصائد كتبها الشاعر وهو لم يراهن العشرين:

«حين كنّا والليالي مقمرهْ/ نقطف الشعرَ كما من شجرهْ/ كانت الأرضُ غناءْ/ وعناقيد السماءْ/ تتدلّى زهرةً أو ثمرَهْ/».

فهذا نصّ يجري في سياق من معنيين رمزيّين: أوّلهما غناه الروحي وما ينسجه من صلة بالطبيعة قبل أن تفصلنا عنها الثقافة. وثانيهما المعنى الفلسفي أو العقلاني الذي يصلنا من خلال إظهار السمة البارزة في الأشياء (الشجرة – الزهرة – الثمرة – القمر – الشمس). والفلسفي يجعل من العقل قوّة من أجل معرفة ما يتعذّر على المخيّلة تمثّله؛ أو إدراكه: «وخيول الشمسِ لا تبصرها غير العيون المبصِرهْ». وأمّا الشعري الذي يحوي المعنيين فمتعته في شرود الخيال، وفي الاحتفاء ببرقشة المعيش وزخرفته بمختلف الألوان،

وفي ما هو جائز أو محتمل أو نادر غريب. ويتعزّز الزواج بين الانفعالي والعقلاني في أكثر قصائد هذا الكتاب:

«ولماذا تكتبُ الشعرَ غريباً/ مُلغزاً كالنورِ في عينيْ إلهْ؟ / – هكذا يأتي... وإنّي أتهجّى صوته الطالعَ من رحْمِ المياهْ/ ربّما جاءَ يُرينا/ ذلك الوجهَ من الكونِ الذي لسنا نراه».

وهو زواج تؤدّيه أكثر من صيغة انفعاليّة كما في قصيدة «خذني» (ص 86) وهي التي تضيء عنوان الكتاب: «خذني، حيث ينبع الكلام من عيونٍ/ حيث يزهر الكلام في الشجرْ».

إنّ العلاقة بين الفلاسفة والشعراء لم تكن قطّ لا مبالاة أو عدم اكتراث، ولا كانت حريّة استواء أي تساوي إمكان في الفعل وعدم الفعل. وقد أطرد أفلاطون الشعراء من المدينة مستنداً إلى الخلاف القديم بين الفلسفة وفنّ القول. و«أطردهم» القرآن أيضاً؛ وإنْ في سياق مختلف؛ وأنزلهم سهل الأباطح، وشُبهتهم الفصل بين القول والفعل؛ بالرغم من أنّ الشاعر مطالب بفعل القول، وليس بالمناسبة بين هذين؛ وإن استثنى «الذين آمنوا». ولعلّه انشقاق قديم بين لغة المفاهيم ولغة الرموز. ثمّة إذن ما يفرّقهما، فالعمل الفلسفي يقوم أساساً على التوسّل بالعقل، بما أنّ الفلسفة معرفة مجرّدة أو هي الفكر الذي يفكّر في الكوني والأبدي. وهي لا زمنيّة ولا فرديّة تستعلي حتى في المثوليّة أو حالة الكائن الماثل في كائن آخر، على محسوس التجربة أو ما يدرك منها بالحسّ أو بالعقل أو ما يتعلّق بالمعاني والمبادئ الباطنة أو الذاتيّة:

«أكتبُ كي أكشف/ لون الشمس وعمقَ الأسرارْ/ أكتبُ كي يبقى

ظلّي/ تحت الأشجارْ» فبقاء الظلّ وهو الذي يرسم تقاليب الضوء، ولا يستقرّ على حال؛ ولا يلبث في المكان نفسه، وإنّما هو في تحوّل أبداً؛ بل يغيض في العتمة كلّما أفلت الشمس وأقبل الليل، أمر محال. ولكنّ عقولنا تتقبّله من حيث هو معنى مستقلّ، فنحن نرى الظلّ؛ وهو في وعينا شيء واقعيّ؛ وإذ يتلاقى البعدان الانفعالي والدلالي نكتشف أنّنا إزاء مرموز واحد هو الشيء الذي يدوم: الظلّ/ الكلمة:

«الصباحُ وردةٌ وحبّنا حديقهْ/ والطيور جدولٌ يرشّنا صداحْ/ أيّها الزمانُ قل ليَ الحقيقهْ/ هل يشيخُ مثلك الصباحْ؟».

قد لا يكون النظم بهذا المعنى إلّا الخطاب نفسه، بل هو الإيقاع أيضاً: فهو ليس مجرّد تعليق الكلِم بعضه ببعض، بما يؤدّي الغاية من التواصل، وإنّما هو حسن التأليف القائم على فكر ورويّة وعلم بمواقع المعاني المهيّأة في النّفس ومواقع الألفاظ الدّالة عليها في النّطق ورسم الصّورة الأدبيّة في آن؛ إذ لا يتصوّر المرء أنّه يوجد «معنى عارٍ من لفظ يدلّ عليه»، حتّى في حال الخطاب الصّامت[65]. وإذا كان هذا شأن الكلِم عامّة، فإنّه في الشعر الذي نحن به، كما هو في فنّ القول، لا ينفكّ عن الإيقاع الذي يتّصل بكلّ عنصر من عناصر الجملة ويلابسه، فهو جرسه الصائت ومعناه المجرّد في آن: يحلّ حيث تحلّ اللفظة، ويجري حيث تجري الجملة، ويتوقّف حيث تتوقّف القافية. ومن هذا الجانب فإنّ الإيقاع قائم في تآلف الحروف في النغم وفي انتظام الجمل، مثلما هو قائم في الفواصل واطّرادها وتغيّرها من نسق إلى آخر. وهو، بعبارة مجازيّة، ولكنّها تشجه بأصله «في دوّمات الماء وليس في جريان النهر[66]».

فتحي النّصري: الكنائي و«الجوهر التعجّبي»:

تشكّل سيرة «الهباء» وقصائد أخرى لفتحي النّصري و«قالت اليابسة» و«أصوات المنزل» وهي مجاميع كتاب شعريّ متميّز، وتبني عالماً له واقعه الخاصّ وقوانينه الخاصّة: هو باستثناء قصائد قد تكون قليلة عالَم الأشياء «الأبكم» و«الأخرس».. الأشياء المنذورة للهباء والصّمت.. الأشياء التي تجهل أسماءها.. فإذا الشّاعر يؤدّي «عنها» أكثر ممّا يؤدّي «بها»، أو هو يستنطق خرسها؛ وكأنّ القصيدة لديه ضرب من «الدّبلجة» دبلجة الشّيء أو تبديل لغته أو إحلال النّصّ محلّه، أو هي «ترياق ضدّ خرسه أو صمته». وباختصار فإنّ الشّيء – كما أحاول أن أبيّن مستأنساً بـ«سيرة الهباء» – سؤال مضمر جوابه نصّ يتنخّل العبارة، وكأنّ الشّاعر يقيسها بالفرجار عسى أن تحوز الكتابة خصائص الشّيء نفسه أو شعريّة بنيته لا محتواه، في سياق لعلّ من أظهر دلالاته عند فتحي النّصري – كما هو الشّأن عند أكثر الشّعراء المأخوذين بالأشياء – تعزيز التّسمية وتقوية الإحساس بها أو تكثيفه، بكلّ ما يمكن أن تفضي إليه هذه التّسمية من تثبيت الوجود وسدّ ثغراته ومهاويه.

تبدأ القصيدة عند فتحي من لحظة «سديميّة» غامضة تُتّخذ موضوعاً للمعرفة أو مصدراً من مصادرها؛ لحظة لا هي بالواقعيّة المحسوسة ولا هي بالذّهنيّة، إنّما هي «ذاتيّة» التّكوين أعني ذات وضع أنطولوجيّ خاصّ تتركّب في «واقعيّة كلاميّة» متخيّلة. ولعلّ هذه الشّواهد القليلة – وفيها غنى عن الإكثار – أن تعزّز ما أنا فيه من أمر هذه اللّحظة التي تضفي على الواقعيّة الشّعريّة ثلاث سمات:

أوّلها تماسّ لغويّ ماديّ أو نفسي وجدانيّ، وثانيها «شيفرة» تؤطّر الواقعة وتحول دون انسياحها وتشتّتها، وثالثها سياق لغويّ تشير إليه الواقعة؛ دون أن يكون سياقاً خارجياً بالضّرورة. ففي قصيدة «فاتحة» وهي فاتحة المجموعة، تتشكّل اللّحظة وكأنّها كلام على كلام مقدّر محذوف، أو نصّ على نصّ مضمر.

«لا جدوى من الذّهاب هناك لا عزاء في البقاء هنا...» إذ تتسلّط «لا» (والنّحاة يسمّونها «لا» للتّبرئة) على الجملة الشّعريّة، وتنهض في سياق القصيدة بأكثر من وظيفة: فهي عاطفة تردّ المتكلّم/السّامع «عن» وهم أو حلم «إلى» واقع، وتنفي الحكم عن المعطوف لتثبته للمعطوف عليه؛ مثلما هي نافية للجنس والوحدة في ذات الآن، وللمكان والزّمان معاً. فـ«هناك» إشارة إلى المكان المتوسّط لا البعيد، و«هنا» إشارة إلى المكان القريب؛ على قدر ما هما يضمران إشارة خفيّة إلى الزّمان بدلالة الحضور والاستقبال معاً كما تدلّ على ذلك خاتمة القصيدة «... ولعلّ الآتين لا تكون عزلاتهم أشدّ وطأة». فـ«لعلّ» تقطع تسلّط «لا» لتستأنف كلاماً جديداً قائماً على التّوقّع في الممكن أو التّرجّي في المتعة والإشفاق من العزلة؛ برغم أنّ دخول «لا» على «لعلّ» قد لا يكون سائغاً نحويّاً. ولكنّنا نسوّغه شعريّاً، لأنّ الوظيفة الشّعريّة، في ما يبدو، أميَل إلى الأخذ بالاحتمالات الرّأسيّة (الصّرف) منها إلى الاحتمالات اللّغويّة الخطّية الأفقيّة (النّحو)؛ أو هي تسقط البعد الصّرفي والاستعاري في اللّغة على البعد النّحوي من خلال تأكيد تماثلات الصّوت والإيقاع والصّورة التي تكثّف اللّغة فتصرف الانتباه إلى خصائصها الشّكليّة وليس الإسناديّة. وما بين

«لا» في فاتحة القصيدة و«لعلّ» في خاتمتها ينهض عالم متحرّر من رقّ المكان والزّمان، وتنبني الصّورة من حيث هي نفي نفي أو نقض نقيض؛ فـ«لا جدوى» تعادل «لا عزاء»، و«الذّهاب» يعادل «البقاء» و«هناك» تعادل «هنا».

ولا الزّمان محدّد ولا المكان ولا حتّى المتلفّظ الذي يحيل على ذات جمعيّة غير متعيّنة. إنّما هناك شموليّة تؤدّي وظيفة تأثيريّة هي شموليّة الغموض وتأثيريّته؛ وهما ملمحان يكادان يكونان ملازمين لأكثر شعر فتحي النّصري. ملمحان يتحدّدان أكثر على أساس قانون الإدراك أو ما يسمّى قانون الصّور/العمق. ففي «كلمات لا تتبرّج» وهي تبدأ مثل سابقاتها من لحظة «سديميّة»: «من زمن راسب في البداية». أيّ زمن؟ أيّة بداية؟ تطّرد سمات الواقعة الكلاميّة الشّعريّة من تماس وشيفرة وسياق؛ لتتضافر في صياغة المعنى الكامن في الجملة/القفلة من الواقعة: «الكلمات تكره الاستعارة». وما بين هاتين الجملتين يتميّز صوت المتكلّم عن صوت الأمّ، مثلما يتميّز مجال سمعيّ عن مجال بصريّ. وكلّ منهما يشكّل جوهره ممّا لا يوجد في جوهر الآخر. وهما معاً يتمثّلان مجملاً أو وحدة باعتبارهما جوهرين متّصلين متقابلين؛ فقوله: «لا ترتد ثوب أخيك...» يعادل قوله: «الكلمات لا تبدّل أثوابها». ومن ثمّة يُلغى الفرق وتنشأ شموليّة متجانسة توحّد بين بصريّ (الثّوب -الحديقة -النّعناع -الأرض) وسمعيّ (الكلمات)، أي بين مكانيّ وزمانيّ متراخيين، مثلما توحّد بين الثّوب والاستعارة. ولكن شريطة أن نميّز بين استعارة لغويّة بالية (اضطراريّة مثل رِجل الكرسيّ أو عنق الزّجاجة) وأخرى جماليّة

نوعيّة تجعل الشّيء «يستحمّ في ماء جديد». وهي التي نقف عليها في المجموعة كلّها. وفيها وبها ينشأ الموضوع الشّعريّ ويتحدّد. وإنّه لمن اللاّفت أن يزاوج الشاعر بين التّعبير الاستعاريّ في هذه المجموعة من حيث هو طريقة في مقاربة الشّيء أو الموضوع، وبين التعبير الكنائيّ الرّمزيّ في «هلوسات موريسكي من القرن 15» و«خريف الخوارج». فهما تنضويان إلى «قصيدة القناع» التي تشكّل نمطاً شعرياً «مألوفاً» في المدوّنة الشّعريّة العربيّة الحديثة، يقوم على الرّمز. والرّمز لا يكون إلّا إذا انفصل عن ذاته، وتَقَوَّضَ لكي يعاد بناؤه من حيث هو رمز ذو وجهين: وجه الدّال ووجه المدلول اللّذان يتمثّلان «رمزاً فوقيّاً». فالقناع واحد وثنائيّ في ذات الآن: هو واحد من حيث انشداده إلى دالّ (تاريخيّ أو تراثيّ). وهو ثنائيّ من حيث أنّ مدلوله يستدعي دالاً ما آخر (من الحاضر). واللغة في جلّ هذه النصوص تتمثّل «مضاداً رمزيّاً» ينجم عنه تغيّر في شكل المعنى وليس في محتواه. ومثال ذلك قصيدة «صرصرة» فهي تعزّز الجوهر التّعجّبيّ في الشّعر، وهي تنشد في هذه الحشرة كنهَها أي «صرصرتها» وتقول «الحشرة» دون أن تستثير «اللاّحشرة». وكذلك الشّأن في «رؤيا الغراب»، حيث يستنطق الشّاعر شعريّة اللّغة أو «شعريّة المعجم»، فالغراب الأعصم وهو الغراب الذي في أحد جناحيه ريشة بيضاء (وهذا الوصف في الغربان عزيز لا يكاد يوجد) كما يقول صاحب اللّسان؛ يغدو «حلم الغراب». وهذا ما يجعل شعريّة الأشياء تجلو الشّيء في مجلى الكلّية النّهائيّة، وتحرّره من «الوجود داخل الكون» لتبني وجوده «في كونه الخاصّ».

زكريّا محمّد في «كشتبان»[67]: خطاب «المعنى الحاف»:

يأخذ زكريّا محمّد بأقيسة استدلاليّة جدليّة في كتابة الشعر، تكاد تضفي عليه طابعاً حجاجيّاً يقوم على نوع من الترابط الدلاليّ بين جزأين في الخطاب وأكثر، ولكن بشعريّة عالية: ما هو محتمل الوقوع، وما هو من الاستعمال الغالب أو المعنى الحافّ الذي يمكن أن يحلّ محلّ الأصل.

هو حجاج من نوع شعريّ يمكن أن ننعته بالمخالف أو التّجاوزيّ المتحقّق داخل النصّ المركّب من صورة أولى «الكشتبان»، لا يسلّم بها حتّى تلزم عنها في كلّ نص، صورة ثانية، ولا تقع الأولى حتّى يسبق الخاطر للثّانية. ذلك أنّ العقدة منهما عقدة دلاليّة ينسجها خيطان من المعنى على الأقلّ أو بعبارة أدقّ معنى مزدوج.

ومزيّة الخطاب في هذا النّوع من الشعر القويّ أنّه يبني الصّورة بما تبنى به الأملوحة عادة أي بملء «المعنى الشّاغر» أو الخلو الفارغ:

«حبّة الترمس كبيرة على إصبعي، وكبيرة على ضرسي/ كلّ شيء كبير على ظبي يقضم ظلّه على حرف الجبل».

الشاعر يسمّي، والتسمية طريقة في تثبيت الوجود وسدّ ثغراته ومهاويه. وإذا كانت التسمية إحدى أبرز وظائف اللّغة الثّابتة؛ فإنّه من الطّبيعيّ أن يكون كلّ جزء في اللّغة قابلاً للفهم، أو أن لا يستخدم إلّا في معنى مفهوم. فإذا استعمل المتكلّم كلمة في معنى مختلف، أو

هو استعملها على مقتضى المعنى المطّرد، في الظّاهر، وكان قصده منها معنى آخر؛ فإنّ المحصّلة ليست الغموض كما هو الشّأن في اللّغة الخاصّة، وإنّما المعنى المزدوج أو الجوهر التعجّبي في الشعر: الشاعر وقناع الظبي أو ظلّه مثلًا، أو الكتابة والكشتبان.

و«الكشتبان» في الأصل كلمة فارسيّة تعني القِمَع الذي يغطّي به الخيّاط طرف إصبعه ليقيه وَخْز الإبر. ويجمع على «كشاتِبين» وإن كان الشاعر جمعه على «كشتبانات»، والقياس يجوّزه، وفيه من لطيف الجناس الصوتي غير المقصود ما لا يخفى (بنات ونبات) فضلاً عن الأصابع الخمس:

«شجرة البلّوط تحمل كشتبانات خضراء. كأنّها تريد أن تخيط لنا ثوباً/ لكن حين أعود للبيت هابطاً من تلّة البلّوط أحمل معي خمسة كشتبانات...

أو: الحياة كفّ زرقاء على جدار/ الإصبع الأولى: أنتَ/ الإصبع الثانية: أنا/ الإصبع الثالثة: النور الذي يكرز باسمينا/ الإصبع الرابعة: نهر الليل الذي نسبح فيه معاً/ الإصبع الخامسة: خنصر فطورنا...».

وثمة نوع من الزهر يُسمّى بهذا الاسم هو زهر الكشتبان أو القمعيّة، وترد في أصولها اللاتينيّة بمعنى الإصبع، وتتويجها في هيئة قمع الخياطة. وهي أنواع، ومنها الأرجوانيّة التي تنبت في أوروبا والصوفيّة التي تنبت في حوض الدانوب، والحديديّة التي تنبت في الساحل السوري وتركيا واليونان.

على أنّ الكشتبان في هذا الكتاب أشبه ما يكون بـ «اسم بلا

مسمّى»، فهي اسم موضوع على جوهر أو عرض، ولكن دون تعيينه أو تمييزه، لأنّ مسمّاه لا هو بالمعلوم ولا هو بالمعيّن؛ مادام يتّسع لشتّى حالات الذات الشعريّة:

«سأرمي إذن زهرة النرد الأخيرة/ وماذا يسمّون من يرمي رميته الأخيرة؟ ليس له اسم؟/ أنا سأسمّيه. اسمه فستقة/ أنا فستقة، ويدي ترمي بزهرتها الأخيرة.

أو: النوم عدوّ الموت/ لكن دعنا من الموت/ وخلّني أحدّثك عن التوليب/ عن كأسه المصلّعة/ عن اسمه المبهم».

ومن المفيد أن نذكّر بضرورة التّمييز بين إشارة إراديّة تواصليّة «مشفّرة» وأخرى غير إراديّة أي تعبيريّة تتعلّق بالمشاعر والانفعالات التي تثيرها الأشياء – الكلمات في النفس – ولكنّنا نعرف أنّ شيئاً ما ليس إشارة إلّا لكونه مؤوّلاً، وإرادة التّأويل من حيث هي سلطة يمكن أن تغيّر من مواقعها، وأن تتوسّع وتحدّ بالنّسبة إلى الذي يعيد تحيينها؛ أو يكون ثانية مؤدّيها ولسان حال مضمرها. وقد لا يكون لـ«دلائليّة المضمر» من موضوع سوى هذه الدّلتا التي يتجمّع فيها هذا الكمّ المرسل المدرك، ويتشعّب إلى ما يشبه الدّال:

«أمّا أنت يا عنكبوت نسّاجاً فلن أسألك لِمَ مددتَ لنا خيطاً واهياً كي نشيد به بيتنا».

بيد أنّ المضمر في الكتاب الذي نحن به، لا يرجع إلى المجاز فحسب وإنّما إلى مظهر في اللّغة وهو أنّ المعجم يمثّل نظاماً وَسِيعاً من التّصنيف والتّرتيب. وكلّ تصنيف إنّما يقوم على إجراء مزدوج:

اختياريّ وتجريديّ حيث يُستصفَى قاسم مشترك وتجرّد الخواصّ الذّاتيّة. وبهذا المعنى فإنّ اللّغة عند الشاعر تشظّي الواقع وهي ترتّبه، وتحوّله إلى عناصر جزئيّة أكثر فأكثر بما يجعلها تجرّد جزءاً من هذا الواقع نفسه. وعنوان الكتاب «كشتبان» بما يوحي أنّه تجريد لمختلف أنواع «الكشتبانات» أو لجواهرها وأعراضها؛ أي اختزالها في اسم. ولكنّ كلّ نصّ، وقد تعمّد الشاعر أن لا يضع له عنواناً، وإنّما شفعه بتاريخ كتابته؛ كشتبان بذاته؛ ولا جامع بين النصوص سوى الصفات غير المتشابهة:

«يدي اليسرى على قلبي كي تردّ، مثل مرآة، سهام الضوء/ ويدي اليمنى تقطع الحبل الذي يربطني بكم».

والكلمة في الشعر لا تتأدّى على «معدّل»، ولا تحتكم إلى قاسم مشترك، وإنّما هي تأخذ الصفات أو العناصر المتفارقة بالحسبان، وتنقلنا من الكلمة الجنس إلى أنواعها. لأقل هي كلمة ممزوجة مدارها على عقدة دلاليّة مراوغة أي على معنيين اثنين يمثلان معاً في النصّ، على تغايرهما أو تباينهما. وليس لهذه العقدة من آليّة سوى آلية التّكثيف والإيجاز التي تعالج جسم الدّال نفسه، وذلك بتحويله إلى كلمة ممزوجة. وقد لا نجانب الصّواب إذا اعتبرناها كلمة «هجينة» أو نوعاً من تداخل الأصول أو من عدوى الكلمات، يوحّد دلالات كلمتين حتّى لا فكاك بينهما، والنصّ أيّ نصّ هو نسيج أو خياطة حروف:

«أقعد على عتبتي منتظراً طلوع الفجر كي أشير بإصبعي: مثل هذا يا ربّ، مثل هذا/ أعطني خيطين أبيض وأسود، من الفجر كي أنسج بهما قميصي.

أو: الظموا لي الخيط بالإبرة/ أريد أن ألعب بهما هنا تحت شجيرة المجنونة.../ وأنا أريد أن أخيط طرف الأرض بطرف السماء/ كي تعبر النملات وتجرّ النجوم إلى بيتها».

وهذا وغيره من «كشتبانات» تخيطها المعاني الحافّة أو هذه الدّلالات المتجاورة التي يستحضرها الشاعر أشبه بـ«طرر دوال، انفعاليّة شخصيّة». ولكن دون أن يترتّب على ذلك إقرار بأنّ المعنى الحافّ يمكن أن يحصر في نتاج فرديّ؛ فلعلّ الأقرب إلى الصّواب أنّه مفعول ظواهر لغويّة جماعيّة. ذلك أنّ اللّغة إنّما يؤدّيها متكلّم. وهي، من ثمّة، لا يمكن إلّا أن تكون موسومة بالطّريقة التي تلقّاها بها، وبسيرته الشّخصيّة التي تحدّد علاقته بالأشياء أي باللّغة من حيث هي مؤسّسة جماعيّة.

ولعلّ هذا ما يفسّر كون المعنى الحافّ يقع في أكثر من سجلّ في هذا الكتاب، حتّى ليبدو أشبه بمفهوم جمعيّ يشمل أبعاداً شتّى: رمزيّة وخياليّة ووجدانيّة وانفعاليّة متعدّدة المعاني.

وفي هذا ما يعزّز القول بأنّ المعاني الحافّة تعبّر عن علاقة بين الدالّ والمتكلّم أكثر ممّا تعبّر عن علاقة بين الدالّ والمدلول، فلا نملك إلّا أن نكبح من شطط التأويل، وأن نتوسّط بين حالين: فالمعنى الحافّ مفعول ظواهر لغويّة جماعيّة على قدر ما هو مفعول ظواهر لغويّة فرديّة؛ لأنّ الفرد كثيراً ما ينتج معانيه الحافّة أي تلك التي يستوحيها من خواصّ علاقته بالأشياء:

«أنا بائع حصى/ بائع أزار/ لديّ منها كومات/ كلّ حصاة خرافة/ وكلّ زرّ قصيدة».

ومع ذلك فالكتاب كلّه صورة واحـدة، ولذلك لم يَسِم الشاعر نصوصه بعناوين، وإنّما جعل كلاً منها يقوم على تحويل الدّال، حيث تنْتسج عقدة دلاليّة، ومجانسة لا مطابقة، وإن تمثّلتْ بالضدّ حيناً، وبالتّشبيه حيناً. وقد نكون في الصّميم منها ما تنبّهنا إلى أنّ أساس التّحويل فيها محاجّة مضادّة تقوم على خطّة شعريّة محكمة؛ نقف فيها على غايات تصديقيّة وإيقاعيّة إنشائيّة براغماتيّة (تداوليّة) تتضافر في صياغة محور دلاليّ متجانس يتحوّل فيه الكشتبان إلى معنى الكتابة نفسها.

علـي الدميني: بنية التعبير الكنائـي/ الرمزي: خياطة النصّ/ نسيج النصّ:

في هذا الكتاب الشعري المتميّز «خرز الوقت»[68] نستعيد السؤال «الساذج»: كيف يكون الشاعر شاعراً؟ أو كيف يكون الشعر شعراً؟ وفي القصيدة مجازفة أو مخاطرة مردّها إلى الشاعر وهو يخرز أي «يَخِيط» أو يكتب، في مواجهة شيء ما لا يفهمه وهو يتشكّل، ولا يعرفه وهو مجهول القصيدة الخاصّ. ثم يكتشف وقد «اكتملت» القصيدة أنها ذاته وهي تنبني، وأن النصّ أو هذا «النسيج» مجازفة محسوبة منه. ولذلك احتفظت لكلمة «خرز» بعلامة التنصيص، كما هي في الغلاف وفي عنوان القصيدة الثانية، أي كما أراد لها الشاعر، حصراً لها وتمييزاً، أو لاجتذاب الانتباه إليها، على ما نرجّح فـ«الخرْز» بتسكين الراء خياطة الأدم، حيث كل كُتْبة فيه خرزة؛ وهذا العمل كتابة شعريّة خالصة، أو ربّما كان تحفّظاً من الشاعر

في استخدامها كما يحقّ لغيرنا أن يرى استئناساً بقولهم، إنّ الخرز فصوص من جيد الجوهر ورديئه من الحجارة ونحوه، أو هي رمز خاصّ به أو ذكرى ما.

أمّا السؤال الذي طرحناه، فنحبّ أن لا نتعجّل الجواب عنه، وإنّما نوطئ السبيل إليه، وهذا كتاب شعري بالمعنى العميق لكلمة كتاب، حيث كل نصّ هو «خرْزة» أو «إرداف» بالمعنى الحديث الذي نعرف به التعبير الكنائي في حدّنا لعبارة عبد القاهر الجرجاني الشهيرة «معنى المعنى»، أو كما في هذا الكتاب «شفتانِ للمعنى/ وللمعنى معانٍ عدةٌ/ وليَ احتمالي»؛ وليس مجموعة أو ديواناً يحوي قصائد متفرّقة أو لا رابط بينها. وتخيّره كلمة «الوقت» بدل الزمن أو الزمان وهو اسم لقليل الوقت وكثيره، ويقع على الفصل من فصول السنة، وعلى المدّة بعينها، يناسب هذا العمل عند شاعر متضلّع من مادّة نصّه، بصير بلغته. والوقت مقدارٌ من الزمانِ، أو هو حين مؤقّت. ومن لطائف العربية أنه أكثر ما يُستعمل في الماضي، وإن كان يستعمل في المستقبل أيضاً؛ وألطف من هذا كله أن لفظ الوقت يستعمل في المكان تشبيهاً بالوقت في الزمان؛ لأنه مقدار منه على نحو ما سوّغوا به هذه المراوحة التي تذكّرنا بمقالة ابن عربي في أنّ «الزمان مكان سائل والمكان زمان متجمّد». ولها سند في قولهم «أزمَنَ بالمكان» أي أقام بها زماناً، وفي استعمالاتهم لكلمة «ميقات» فهي تطلق على الوقت المضروب للفعل مثلما تطلق على المكان أو الموضع. وقد ميّزوا الزمان من الدهر الذي لا ينقطع، وجعلوه أزمنة فقالوا زمانُ الرطَب والفاكهة وزمانُ الحرّ والبرد وما إليها، بل جعلوه

رديف الحياة، كما في قول النبي لعجوز: «كانت تأْتينا أَزْمانَ خديجة» أي حياتها.

خرز الوقت في هذا الكتاب هو خرز المكان أيضاً، من فاتحته «تمثال الماء» إلى خاتمته «استعارات رعويّة» أو هو زمان «الخرز» وموضعه. وهي قصائد تنضوي كلها إلى نسق شعري جامع يحفظ صورها وأشكالها، ويرسم وظائفها «شِرْعة ومنهاجاً». وأنا أستعمل كلمة «شرعة» و«منهاج» في هذا السياق لا بالمعنى القرآني في سورة المائدة (الآية 48) أي السبيل والسنّة، وإنّما في معناها «الأصلي» أو دلالة المطابقة أي الماء الكثير من نهر أو وادٍ، والطريق إلى الماء. على إقرارنا بأنّ مقولات الأصل والفرع متهافتة، ولا سند لها في الشعر واللغة، خاصة أن النصّ الشعري ينشأ «قرائيّاً» أو «مؤوّلاً» كما أسلفنا في مواضع سابقة من البحث؛ واللغة استعارات ومجازات «بها نحيا»، وضرب من ضروب التخييل أو «الإخبار غير المألوف». وهذه القصائد وهي ثمرة اجتهاد شعري شخصي، تتحدّر كلّها من غمام واحد؛ لكن لا شيء فيها يتكرّر. ولا نجد أفضل من «صورة الماء» فيه، وهي تتقلّب في أطوار عدّة، يتصرّف فيها الشاعر بمهارة؛ ويحتشد لها بثقافته الرحبة من الشعر والقرآن والمأثور، ومن تجربته الخاصة حيث ظهورها هو حجابها في الآن ذاته:

«سلاماً.. سلاماً: لغةٍ تترقرقُ كالماءِ/ تُشربُ والماءَ/ تنحتُ أعرافها في مسيلِ الزمانْ».

«قد كنتُ مكتفياً بحُمائي/ وما سلنا إلى الوديانِ/ كالمطرِ الذي

طربتْ له الساحاتُ/ والطرقاتُ/ منحدراً إلى ظمأ الحقولِ/ وشاحباتِ اللوزِ والشيحِ اليماني».

وللشعر كما للشعراء ماء غير هذا الماء الذي نستهلكه اليوم ونستعمله، ولا نعيشه. وكان الماء عندهم ولا يزال، في كل نهر أو نبع، تسكنه حورياته «إلهة الماء». وشبيه بهذا قصيدته الفاتحة «تمثال الماء» فهي صورة أخرى من مغتسلة أبي نواس(69)، حيث يكتسب الماء صفات فيكون له لون وطعم ورائحة:

« الماءُ/ هل كان الكلامُ يُجيدُ وصفَ الماء، حين يفر من معناهُ، عرياناً نحيلاً، دونما صفةٍ/ ولا لغةٍ ولا أسماءْ»

«قد كنتُ أعرفها/ وأهجسُ أنها ماءٌ بلا أكوابْ»

«قد كنتُ أعرفها/ فكيف غدوتُ فنجاناً لقهوتها/ وصرتُ – لمائها – الأكوابْ»

«وأنا الكثيرُ على ثيابِ الوقتِ/ أوجاعي سحاب هاطلٌ في الريح»

«وأنا الذي ما زال صدري عارياً كالماءِ/ تسبحُ فيه عاشقةٌ/ وتخرجُ منه عاشقةٌ/ ويطربهُ النزالُ»

«لو كان لي «مطرٌ»، وكانت لي «محيطاتٌ»، و«ربانٌ»/ لسقتُ البحر للصحراءِ/»

«سأصب في قدحي قليلاً من ندى الكلماتِ/ كي أنسى/ وأسألها لتطرد غيمةً سوداءَ قرب الكفـ/ من حرفي، ومن وجع العناقِ»

«شهداً أنينُ الكأس حين ملأتهُ بالصوتِ/ وانحدرتْ وعولُ أصابعي للماءِ/ كان النهرُ مبتسماً/ وكنتُ أسيلُ نحو البابِ/»

«لها شجرٌ يستظل به العابرون/ و «أم» يسيل عل فجرها مطرُ الصيفِ...».

أو في مرثيته لشقيقه «مسفر» أو في:

«أحبّ من الموتِ «أسفارهُ» مثلما الشمسُ/ ترحلُ دون موافقةِ الجنرال لها بالسفرْ/ وأعشقُ أنهارها، إذ تسيلُ على فاتناتِ القرى/ في المغيبِ كأغنيةٍ من رذاذِ المطرْ».

يتسلّل الماء ملتبساً متردداً في هذه القصائد أو الصور المائية، وكأنه ماء ما قبل الخليقة، كما في الكتب الدينيّة المقدّسة كلّها، حيث هو والروح الإلهي يتواصلان أو يتناديان، وهما في طريقهما إلى نظام جواهر الأشياء، أو «خرزها» ووضوحها. فلا غرابة أن يكون لقصيدة الدميني شكل الماء «المضيء/ المعتم»، أو «الحلم» وهو يحتاج إلى الماء حاجة الشاعر إليه. والمتخيّل الشعري، يجمع الماء إلى دورة الحياة الإنسانيّة: الولادة والموت حيث الماء هو الأم وتهويدتها، وتهليلتها لتنويم طفلها؛ وهو المسافر أو شبيه الطيور القواطع؛ مثلما هو «المغرق»، أي ساكن الشواطئ الذي يحتال لإغراق السفن. وهو المخادع الأعظم أو المسخُ نفسه أو الاستحالة أو التغير مظهراً وصفة وظروفاً. إنّ لفظ «الماء في هذا الكتاب الشعري، لفظ مموّه إذ يمكن أن يحمل على كل ما يحسن منظره وموقعه ويعظم قدره ومحلّه، فتقول ماء الوجه وماء الثياب وماء السيف وماء الحياة وماء النعيم...

مثلما يمكن أن تحمل دلالته على «الرنق» أي الماء إذا اختلط فيه الطين أو التراب أو القذى وغيره وعلاه الطحلب ونحوه، فتكدّر ومال إلى السواد والغبرة. هذه الدلالة هي الأقرب إلى صورة الموت أو الطوفان أو الخراب مثل خراب سدّ مأرب.

فليس للماء إذن حقيقة محدّدة، وغير دقيق ما يقوله البعض من أنّ دلالته لا تخرج عن الرونق. فهذه الدلالة إنّما مأتاها الشعر وما استتبّ في مخيال العرب من رموز الماء «الرائق الخالص الذي لم ينقلب في نفسه ولا عرض له ما يقلبه» بعبارة الجاحظ. وهذا ونحوه يرسم صوراً للماء رجراجة مضطربة، فهو في بعضها يسيل ويتفرّق، أو يدور في باطن العين دون أن يجري، وهو في بعضها الآخر ينضمّ ويتألّف حتى ليخيّل إلينا أنه متحرّك وهو ساكن أو ساكن وهو متحرّك. وربّما لا تفسير لذلك سوى الماء نفسه، فهو لا يحمل في ذاته لوناً ولا شكلاً؛ ولذا تنعكس فيه صور شتى ولو كان له لون وشكل، لما أمكن أن يعكس أي صورة. ولعلّ هذا ما يجعل بنية الخطاب الشعري عند علي الدميني، كنائيّة بالمعنى الرمزي للكلمة، أكثر منها بمعنى «الإرداف».

ليانة بدر: خطاب التفاصيل الفلسطينيّة:

في «أقمار»[70] تدير ليانة بدر نصّها على محورين: سماء مليئة بالشوك والنجوم، وهو يضمّ ثلاثة عشر نصّاً؛ والحدود وهو يضمّ عشرة نصوص. وكلّها تتفاوت طولاً وقصراً، ولكنّها تنضوي كلّها إلى شعريّة التفاصيل.

ويستدعي مفهوم التفصيل فحص مسألة العلاقة بين العمل وتصوّر كلّ من الشاعر والقارئ له. وما يقوله دانيال آراسه عن الرسم[71]، نقوله عن الشعر. والمسوّغ لذلك أنّ التفاصيل تعمل باعتبارها شِعاراً مزدوجاً: ما يعتمده الشاعر وما يعتمده القارئ. بيد أنّها تطرح أكثر من سؤال؛ فإذا افترضنا أنّ مصدر التفاصيل واقع موضوعي، وأنّها ناجمة عن نيّة فنية دقيقة يمكن إثباتها، فإنّ هذا لا يعني ضرورة وجودها لمجرّد أنّ قارئاً مثلي رصدها.

ما هو الجهاز الذي يسمح باستخراج التفاصيل واستصفائها؟ وإذا فعلنا ألا تفقد شعريّتها أو وظيفتها التنبيهيّة، وكأنّ مفردات النصّ تتراتب تفاضليّاً من حيث التفصيل؟

أوّل ما نلاحظ في هذا الكتاب الشعري أنّ هناك مشادّة بين الرغبة في الاحتفاظ بكل شيء فلسطيني، ونسيان أيّ شيء قد يحول دونه. وهي مشادّة بين التذكّر والتخييل؛ ولعلّها سمة مشتركة في أكثر الشعر الفلسطيني حيث قوّة الذاكرة تكاد تحفظ أكثر ما يمكن من الأشياء وألوانها وظلالها؛ مثل هذه الإيماءة الخاطفة في «حجر أخضر يشطفه الموج» إلى اقتلاع أشجار الزيتون؛ ولكن دون تصريح إذ يختزل الفعل «اقتلع» المشهد كلّه ويذكي ذاكرة القارئ وهو يستحضر الجرّافات الإسرائيليّة: «سأكون النسيان حين ينسى نفسه وينام/... صفّاً من شجر الزيتون السعيد، لأنّه لم يقتلع بعد من على سفح جبل». بل إنّ هذا النصّ يقرأ في سياق نصّها «كلّ زيتونة هي أمّي/ كلّ زيتونة تحلم أن تكون/ طائراً هارباً من إسار الليل». وكذلك الشأن في «ستّة هنود»: «ستّة هنود بثيابهم البيضاء/ وجدائل شعرهم

الطويلة/ داخل غرفتي الصغيرة.../ لا أرى، بل أراهم يحدّقون عبر النافذة إلى السهل الموشّى بالينابيع/ يخفون أدمعهم الكثيرة/ لأنّ الجيش في الخارج كان/ يطرد البدو بعيداً عن الكهوف/ بعيداً/ عمّا مضى من بلاد». فهذه القصيدة مشهد حلميّ كأنّه حلم الصباح الملوّن: «يديرون ظهورهم، فلا أرى وجوههم/ لا أرى ريشة حمراء/ ولا التطريز الملوّن على ثوب الزعيم». وما يقع في الظنّ للوهلة الأولى أنّ النصّ يعقد صلة بين الفلسطينيّين البدو والهنود الحمر؛ وهذا سائغ مقبول. غير أنّ أعمق ما في هذا النصّ هو هذا النزوع إلى تحرير الخيال من رقّ العقل الواعي والمنطق، وإلى لغة حلميّة تتبدل ألوانها وتتمازج، وتتغيّر خطوطها و تتداخل، فتطوي الجسد عن الواقع ومظاهره؛ لتنشره للحلم وتجلّياته، فإذا تحوّلاته تحوّلات العين من حيث هي شاهد لا على خلجات النفس فحسب؛ وإنّما من حيث هي عين الخيال التي ترى ما لا يُرى، فتخرق قشرة الشيء حتى يصبح مرآة لنفسه، وتصل المتخيّل يالبصيرة، وبالواقع الفلسطيني الحيّ، مثلما تصله برمزيّة أسطوريّة أعمق أو هكذا يتهيّأ لي؛ إذ يستوقفني الرقم 6: لِمَ ستّة هنود وليس أكثر أو أقلّ؟ وهذا تفصيل ينبغي أن نأخذه بالحسبان. فهل المقصود به الرقم الكامل في المخيال الديني حيث خلق الله السماوات والأرض في ستّة أيّام؟ أم الرقم الناقص مادام الرقم 7 هو رقم الكمال؟ أم هو رقم كمال الخليقة والإنسان معاً الذي تقول الأسطورة إنّه خُلق في اليوم السادس؟ بل أليس هناك سابع في هذا النصّ هو هذا المتكلّم الحالم داخل غرفته الصغيرة سواء أكان امرأة أم رجلاً؟ أهي إشارة إلى أنّ النقص في الأشياء هو الرجاء في ما سيأتي أم هي طريقة في

أن نَرى (بفتح النون) في ذات الآن الذي نُرى فيه (بضمّ النون)؟ بل ألا تقرأ «ستّة هنود» في سياق نصّها الآخر «هنديّ أحمر» المكتوب بتفاصيل دقيقة: القهوة – الريش الملوّن – الشجرة المغروسة في شكل قلب – الفأس...؟ بل ألا تقرأ في ضوء «البدو يمّا» [يا أمّي] : «أهلي البدو على طريق الغور الذاهبون أبداً إلى المراعي»؟

ومثال ذلك أيضاً «قريتنا الرومانيّة» فهذا النصّ تأمّل على أنقاض العصر الروماني، بتفاصيل فلسطينيّة (الحنّاء – الشراشف – القرفة – البخور – سحابة الغاز...) وبقفلة ذكيّة ساخرة هي إيماءة إلى كفافيس «قريتنا الرومانيّة مليئة الآن بقنابل السموم/ هدايا وصلتنا من البرابرة الجدد/ دون استئذان». وهي من الإشارات التي تختلف وضوحاً وخفاءً في الكتاب، والشاعرة تعرف كيف تطبعها بطابعها مثلما هي تعرف كيف تستثمر التجارب الواقعيّة جنباً إلى جنب مع تجاربها الشخصيّة.

إنّ لعبة التفاصيل في الشعر، يمكن ما لم تكن متناغمة أو هي مركّبة من عناصر متنافرة لا رابط بينها من منطق النصّ، أن تذهب بالعمل، وقد تحوّله إلى فوضى. فلا بدّ من مزج العناصر المختلفة حتى لا تسترخي أواصر النصّ، ويتفكّك وينحلّ. ووظيفة التفصيل إنّما هي تخريج المعنى أو تيسير استنباطه؛ وليس حجبه أو تعميته. هذه هي المعضلة التي تواجهها قصائد كل تفصيل. فإمّا أن تكون التفاصيل من جوهر العمل، أو أن تظلّ محدودة لا تثقل على النصّ. والحقّ أنّ كلّ تفصيل في «أقمار» هو جزء صغير من الشكل أو الجسم أو الكتاب كلّه؛ يدور في نظام النصّ بقدر ما ينتظمه.

تلك هي بإيجاز شعريّة التفاصيل عند شاعرة/ كاتبة، وهي أشبه بـ«القياس الأقرن» أو بالبرهان ذي الحدّين الذي يُكره الشاعرة على اختيار واحد من بديلين. فقد يزاحم التفصيل مفردات النصّ، بل قد يتقدّمها؛ وقد يظلّ في خلفيّة النصّ أو من خفاياه، أو هو يخالسنا النظر ، من دون أن نظفر به. بل لعلّ التفاصيل قضيّة تبادليّة أو تخيير بين أمرين بما يسوق إلى حدّ التفصيل من حيث هو «جزء صغير من صورة أو من شيء ما أو مجموع ما»؛ ومن ثمّة يمكن اعتباره متمّماً أو ثانويّاً أو تابعاً يلحق بالأصل، من جهة؛ أو هو ينهض بوظيفة إشاريّة، من جهة أخرى؛ فهو «محصّلة واضع التفصيل، أو أثر حركته». وهذا ممّا يجعل هاتين الطريقتين مترابطتين في تمييز تفصيل من تفصيل وإبانته.

الخطاب الاستعاري/ الكنائي

أمّا النصوص التي تطغى فيها بنية الخطاب الشعري الاستعاري على الكنائي، فهي من شعر نزار قبّاني ومحمد عفيفي مطر وشوقي بزيع ومحمد علي شمس الدين وفاروق شوشة وعلي جعفر العلّاق وغيرهم، على تفاوتهم. وفي سياق هذا الخطاب يعيد نزار مثلاً تشكيل قصيدة الحبّ عند العرب. وأكثر الغزل القديم ينهض على سنن وتقاليد، في حين أنّه عند نزار ينفذ إلى كينونة المرأة، ويلامس أرضها باللغة؛ فيحوز تلك الحالات التي يحوطها الصمت في المستعمل اليومي والمتداول الشعري. وقد يكون مردّ هذه الحظوة إلى قدرته على المواءَمة بين مراسم الشفويّة ومَراسم الكتابة؛ إذ هو على قدر ما يوحّد بين الكلام الشعري وسماعه، ويرسّخ سياقه في ذاكرة المتقبّل المستمع؛ بطرائق هي من صميم الشفويّة حيث الوزن يرافق الوزن والموسيقى والإنشاد والحركة، الكلامَ الشعري؛ نجده يوحّد بين الكتابة الشعريّة وقراءتها، فإذا انتشار قصائده، من انتشار هذين النمطين من أنماط المعرفة في ثقافتنا. ولعلّ المنفذ إلى شعريّة هذا الخطاب الاستعاري هي: بنية الإضافة.

وأكثر هؤلاء الشعراء يديرون الخطاب على التركيب بالإضافة (مضاف ومضاف إليه)، ويصرفونها إلى ما هو آنيّ مباغت غير

متوقّع؛ لا يقاس ولا يشترك مع فنّ آخر في القياس. والصورة شكل، والشكل يدمى عندما يشرخ؛ ومن حقّ الشعراء أن يشرّحوا اللغة، وأن يستخرجوا خباياها وخفاياها، ولكن من حقّنا عليهم أن ينفخوا فيها حياة أخرى لهم أو لنا؛ على أن يعيدوا خياطة أحشائها بخيوط اللغة. والشعر، وتاريخه خير شاهد، ليس عماء وفوضى، أو تدوير ألماس في فرن أفقي؛ حتى إن حوى قدراً من ذلك قد يكون علامة على جهد الشاعر في قول شيء جديد بطريقة جديدة، أو إيهامنا بأنّ الصورة لديه غريزيّة، أو بأنّه يكتب كما يكتب الأطفال والعصاميّون بعيداً عن أيّ تأثير فنيّ أو مدرسيّ؛ فلا اعتراض على هذا، إذ كلّنا يسلّم بالذاتيّة في الفنّ عامّة. ونقتصر في بحثنا على نماذج من هذا الخطاب، وإن كنّا نأتيها في اختزال «مخلّ» بسببٍ من حجمه.

خطاب التوريق: بنية أرابيسك الشعر: محمّد عفيفي مطر أنموذجاً:

التوريق العربيّ هو ما يسمّيه الأوروبيّون «أرابيسك». ومن العرب المعاصرين من يسمّيه «الرّقش العربيّ» و«التّوشيح العربيّ» و«التّوريق». ومن اللّافت أنّ الإسبان والبرتغاليّين يطلقون على هذه الزّخرفة كلمة :Ataurique وهي مشتقّة من الكلمة العربيّة «التّوريق». ونحن نؤثر هذه التّسمية؛ لأنّها تعبّر عن طبيعة العناصر التي تكوّن هذه الزّخرفة العريقة.. والاستنتاج الأول الذي نسوقه إذن على حذر هو أن العلاقة بين الشعر والأرابيسك أعمق من أن تختزل في الطّابع الزّخرفيّ الهندسيّ في كليهما، أو في تمكّن الزخرف من

شعراء البديع، لدافع نفسانيّ جماليّ أملته عليهم طبيعة مجتمعهم. إنّما هي تتّسع لكتابة مستفرغة في كليهما من أيّ همّ إبلاغيّ، أو هي مجرّدة من «النّفعيّة»، أو هي تنزع إلى المتعة الخالصة، حيث الصورة الشعريّة شأنها شأن الأرابيسك نصّ «قابل للقراءة» و«غير مقروء» في ذات الآن.

فهي محكومة مثله بعقليّة رياضيّة دقيقة من حيث التناسق والتناظر والتداخل والتشابك والتماثل والتقابل. وهي صورة أساسها كتابة «لا نموذجيّة» أو «لا قياسية» قد لا تعدو دلالتها المتعة الخالصة: متعة تجميع الحروف والعناصر النباتيّة والأشكال الهندسيّة في الأرابيسك، حيث لا رابط في الظاهر من شكل أو من معنى يسوّغ إلحاق حرف بعنصر نباتيّ أو بشكل هندسيّ؛ إلا أن يكون ذلك نابعاً من أساس الكتابة المادّيّ وهو أساس الرسم والنقش والتصوير، ومتعة التلاعب بالمستعار منه والمستعار له في الصورة، حيث تتّصل الوحدات الصغرى (الأبيات) بوحدات مماثلة لها تجاورها أو تعلوها أو تدانيها أو بصور متقابلة أو متعاكسة؛ وتنتظم كلّها في هيئة واحدة محكومة بنظام هندسيّ صارم، وعقليّة رياضيّة دقيقة. فلعلّ الموضوع الرئيس في هذا الشعر وفي الأرابيسك كليهما هو مجلى «روح الكتابة» ذاتها أو «جوهرها»؛ أي الكتابة التي لم تخلص في ثقافة العرب من المثال «الأنطولوجيّ» بسبب من ارتباطها بالقرآن من حيث هو «الكتاب الأمّ»، الذي لا يفتأ يذكّر الإنسان بأنّ الكون نفسه كتاب يمكن أن يتآلف في بنية واحدة كلّيّة؛ إذا استطاع أن يفكّ رموزه وينفذ إلى دلالته على قدرة الخالق وحكمته في المنظور الدينيّ.

في الأرابيسك تصرفنا الصورة عن العناصر الطبيعيّة إلى زخرفة محوّرة عن الطبيعة، أساسها مزج الطبيعيّ بالخياليّ. وكأنّ مسعى الفنّان يكمن في تحرير هذه العناصر من سلطان المادّة «الفانية» بتحويرها وفق نظام هندسيّ خاصّ مظهراً وتكويناً. وفي الشعر يمكن أن نلحظ هذا المسعى في أكثر من صورة محكومة بظاهرتين لافتتين: قابليّتها للانشطار والتفرّع، من جهة، وتجمّع عناصرها وأجزائها بشكل دائريّ حول نواة واحدة، من جهة أخرى. ولعلّ هذا المظهر في إنشائيّة الصورة أن يكون على وشيجة بعنصرين زخرفيّين في الأرابيسك هما: المروحة النخليّة والزهرة. ونقدّر أنّ محمد عفيفي مطر خير من يتمثّل هذه الشعريّة:

«رأيتُها في صكوكِ الإرثِ مكتوبه/سِفْراً من الإنسان والإزميل/ والحجرِ/ رأيتُها من شقوق الصيفِ/مسكوبه/غاباتِ أيدٍ ترعرعُ في دم الشجرِ/ وأَوْجُهاً من حميم الطمي مجلوبه/منسوجة بالفروع الخُضْر/ والثمرِ/ وأعظُماً غالبتْ أكفانَها، انقلبتْ/فراشةً حمراءَ مخضوبهْ[72]».

وعفيفي شاعر أكاد لا أجد من أقرنه به، سواء من شعراء مصر، أو شعراء البلاد العربيّة في القرن العشرين. ولعلّه أقرب ما يكون إلى بدر شاكر السيّاب معجماً وحلولاً في الأرض، وإن لم يكن على نسب منه ووشيجة، من حيث تركيب القصيدة وبناء الصورة الكليّة في «احتفاليات المومياء المتوحشة» و«فاصلة إيقاعات النمل» و«النهر يلبس الأقنعة» و«ملامح من الوجه الأمبيذوقليسي» و«أنت واحدها وهي أعضاؤك انتثرت...».

وقصيدة عفيفي لا تزال تحتفظ بالكثير من وجوه إغماضها،

قصيدة تقاوم، كما هو الشأن عند أدونيس خاصّة؛ كلّ أنماط القراءة التجزيئيّة، و«تفرط» في الطول، ويلوي بعضها على بعض. على أنّ الفهم من منظور جماليّ خالص، ليس ضرورياً في الشعريّة الحديثة التي تقدّم عليه الانفعال والتأثّر؛ أو ربّما نحن نفهم لأنّنا انفعلنا وتأثّرنا.

قصائد عفيفي الطويلة المركّبة شأنها شأن «التّوريق»، أساسها كتابة «لا نموذجيّة» أو «لا قياسية» قد لا تعدو دلالتها المتعة الفكريّة الخالصة: متعة تجميع الحروف والعناصر النّباتيّة والأشكال الهندسيّة، حيث لا رابط في الظّاهر من شكل أو من معنى؛ يسوّغ إلحاق حرف بعنصر نباتيّ أو بشكل هندسيّ إلّا أن يكون ذلك نابعاً من أساس الكتابة المادّيّ. وهو أساس الرّسم والنّقش والتّصوير، ومتعة التّلعّب بالمستعار منه والمستعار له في الصّورة الكلّيّة، حيث تتّصل الوحدات الصّغرى (الصور الجزئيّة) بوحدات مماثلة لها تجاورها أو تعلوها أو تدانيها، أو بصور متقابلة أو متعاكسة؛ وتنتظم كلّها في هيئة واحدة محكومة بنظام هندسيّ صارم، وعقليّة رياضيّة دقيقة. والشعر كما كتب عزرا باوند، هو أقرب الفنون إلى الرياضيات، من حيث معادلاته اللغويّة والوجدانيّة الانفعاليّة. فلعلّ الموضوع الرّئِيسَ في قصيدة عفيفي كما هو الأمر في التّوريق هو مجلى روح الكتابة ذاتها أو جوهرها؛ وكأنّ مسعى الفنّان يكمن في تحري العناصر من سلطان المادّة الفانية بتحويرها وفق نظام هندسيّ رياضيّ خاصّ مظهراً وتكويناً. وفي الشّعر الذي نحن به يمكن أن نلحظ هذا المسعى في ظاهرتين لافتتين: قابليّة العناصر للانشطار والتّفرّع، وتجمّع عناصرها وأجزائها بشكل دائريّ حول نواة واحدة. ولعلّ هذا المظهر

في إنشائيّة الصّورة أن يكون على وشيجة بعنصرين زخرفيّين أثيرين في فنّ التّوريق هما: المروحة النخليّة والزّهرة[73]. وهما اللذان ينوّع عليهما محمد عفيفي مطر ويبني.

أحمد دحبور: شعريّة الحدث:

أمّا قصيدة أحمد فهي قصيدة الحدث أي ما نبنيه ونعيد بناءه، حيث تتناسخ الكلمات، وينتقل المعنى من إحداها إلى أخرى، متّخذاً صورة «التحوّل المقيّد» لا بأحكام اللّغة وعادات الاستعمال فيها فحسب، وإنّما بما تجوّزه من صور التحوّل وما تستحلّه من مضمر الإمكانات أيضاً، حيث الصّورة عنده أبعد من أن تكون رسْم شيء أو تمثيله في دائرة ما استتبّ له من دلالات وحفّ به من معانٍ؛ بل هي بنية تماهٍ وتداخل بالمطابقة.

ونقدّر أنّ وصفاً كهذا يتيح لنا أن نباشر الصّورة بمصطلحات غير المصطلحات البلاغيّة المتداولة، فقد تكون رمزيّة أو تجريديّة، أو افتراضيّة، أو حدسيّة، أو تخيّليّة؛ على أساس أنّها تتألف من ترتيب خاصّ لعلاقات المشابهة والمجاورة، وتتضمّن في ذات الآن تجسيداً لهذه العلاقات. والاحتمالات التي يستنبطها الشّاعر منها أوسع من أن تنقاد لضابطة بلاغيّة أو حكم كلّيّ ينطبق على جزئيّاته. وأكثرها اطّراداً في مدوّنة دحبور، وفي الشعر الحديث عامّة هي: الصّورة الرّمزيّة التي تنهض على محمول محسوس يرمز إلى معنى أو موضوع مجرّد، من خلال تراسل سرّيّ يقيمه الشّاعر بين العالم وما ينشد قوله. وصورة كهذه لا يمكن إلّا أن تكون محكومة بذاتيّة

الشّاعر أو برؤيته الخاصّة، بالرغم من أنّ الرّمز المحسوس فيها يتعلّق بما هو حافّ؛ إذ هو إشارة دالها يطلّ في اتّجاهين أو هو يحمل مدلولين. والصّورة التّجريديّة التي تتمثّل شيئاً أو موضوعاً محسوساً أو مفهوماً، بواسطة كلمة مجرّدة. وهي من هذا الجانب تختلف عن الصّورة الرّمزيّة التي تنهض على محمول محسوس، وتظلّ أشبه بصورة مهتزّة؛ لا يقيّدها شكل؛ خاصّة أنّ علاقة المشابهة فيها تبدو بعيدة. والصّورة الافتراضيّة التي تنسج علائقها بما هو مجهول أو إحاليّ أو لا مرئيّ، وهي منغمسة أبداً في الشّبهات، منفتحة لحدوس واحتمالات شتّى؛ حتّى لكأنّها تنتشر أبداً في فضاء صوفيّ، بالرغم من أنّ أحمد ليس بالشاعر الصوفي. والطريف هنا أنّ الشاعر لا يجري صورته الافتراضيّة بواسطة أفعال القلوب مثل ظنّ وخال وحسب ورأى، أو أدوات مثل «كأنّما» و«كأنّ» على نحو ما نجد في الشعر القديم، وإنّما هو يهجم على الصورة مباشرة. والحقّ هو يفعل ذلك عن دراية ووعي، وبخبرة ومِراس كبيرين؛ حتّى وهو يجاوز كلّ حدّ لغويّ مضروب في بعض نصوصه، إلى باحة الإباحة الوسيعة، وإن بدرجات متفاوتة بغية رأب صدع في النّصّ أو خلاف أو تمانع نقيضين لا يمكن اجتماعهما بوجه واحد، كاجتماع إبليس والقدّيس في قصيدته «تجربة» التي أتمثّل بها على تجربته: «في الأوّل الأخيرِ من شهرِ كذا/ دخلتُ في إبليسْ/ كمنتُ بين القلبِ والحجارهْ/ حتّى إذا حاصرتْ عُدّةَ الأذى/ ذوّبتها بدمعةِ القدّيسْ/ عمّقتُ ما رأيتهُ: الصفراءَ والمرارهْ/ وهكذا خرجتُ بالبشارهْ: الدفء والنضارهْ/ للشفةِ المقبّلهْ/ السنبلهْ/ لزارعٍ ورّثتها اخضرارهْ/ والقنبلهْ/ لساعدٍ يحمي بها جدارهْ/ لكنّ أهلَ الحارَهْ/ لمْ يلمحونِي فيَّ بلْ همْ شاهدوا إبليسْ/ فاستهجنوا

البشارهْ/ وأغلقَ الغيمُ الذي حاورني، أمطارَهْ/ ماذا إذنْ؟/ أنا أنا؟ أمْ أنّني إبليسْ؟» (تونس1985/2/25)[74].

وصورة إبليس منقولة ها هنا عن موضعها أو هو كائن أو رمز يجمع بين نقيضين: القلب بمعنى الرقّة أو الرّحمة؛ والحجارة بمعنى الغلظ والفظاظة والقسوة؛ أو نقل هو في الصورة التي نحن بها يجمع بين الخير والشرّ، أو الملاك صورته الأصل في الميثيولوجيا الدينيّة، والشيطان صورته المنسوخة.

وأحمد شاعر يجعل من المعنى الحافّ محوراً ثابتاً وقاعدة أصيلة في شعره. وعن هذا المعنى يصدر في تأويل الصّورة وتصويب أن يوصف إبليس بالرقّة، مادام اللّفظ مناسباً له بطريقة التجوّز والاستعارة. والصورة التي نحن بها صورة افتراضيّة، فقد سلّم المتلفّظ بفرضيةّ بحكم ارتباطها بفرضيّة أخرى صحيحة أو مسلّم بها، وتلطّف بأن جعل إبليس كائناً مزدوجاً أي هو خير وشرّ: القلب/ الحجر، ولم يطلقها على الشر وحده أجمع، ولا على الخير وحده أجمع. وهذه فرضيّة أولى تلزم منها فرضيّة أخرى مفادها أنّ معظم الخير كالشرّ كثيف، مادام لهذا ما لذاك. وقد لا يخفى أنّ هذا الاستدلال يقوم على سببيّة تعقد علاقة بين فرضيّتين، يتبيّن بموجبها أنّ الواحدة لا تكون بالأخرى؛ وفيها يتقرّر الدّليل لإثبات المدلول. بيد أنّ هذه السّببيّة أو العلاقة المفترضة بين نسق مغلق ونسق مفتوح يتقبّل المختلف، أو بين العلّة والمعلول؛ تظلّ مضمرة في النصّ حتّى وإن توهّمنا أنّ الصّورة توعز إليها وتوحي بها، بل هي معدومة بالجملة.

مـي مظفّـر: الاسـتعاري/ الكنائـي/ المعـادل الموضوعي: الكرسي:

في مجموعة الشاعرة العراقيّة مي مظفّر «غياب»[75] يستوقفنا الغلاف، حيث الكرسي بقوائمه الأربع، ليس مجرّد رمز استقرار أو ثبات وسلطان على الأشياء، أو قوّة وهدوء معاً كما يقع في الظنّ عادة، وليس كرسيّ بيكاسو في «طبيعة ميّتة على صورة الكرسي المقشّش [المجدول بالخيزران] 1912، أو ماغريت وكرسيّه الحجري المغروز في الأرض عام 1952؛ وقبلهما فان غوغ وكراسيّه التي توحي بالوحدة التامّة. إنّما الكرسيّ في هذا الكتاب هو كرسيّ الغائب الذي ذهب لقضاء شأن خاصّ، وسيعود؛ أو هو كما ترسمه قصيدة «وحدة»:

«سوف يسري من مسامّ الأرض همسٌ/ يبعثُ الجسم الذي انسلّ وأبقى ظلّه/ أبقى كتاباً بعدُ لم يُقرأ/ وسرّاً كامناً تحت الخزائنْ».

الكتاب المفتوح فوق الكرسي هو «الجليس» إذن، أو «المعادل الموضوعي» بلغة المعاصرين؛ في انتظار هذا الجالس الغائب، أو وهو رمز انفتاح وانفراج وإيثار ورحابة فكر وحبّ شامل، أو نقل علم الفرد أو فكره أو حالاته. وهو في المنظور الخيميائي القديم، يتمثّل المعرفة المشاعة أو المعلنة في مقابل المعرفة السريّة أو المكتومة. فلم يكن بالمستغرب أن سوّغت ميّ تخيّرها هذا العنوان بحالات الزوال التي يعيشها العراقيّون في المنافي «الوطن أوّلاً وما تبعه من فقدان الإرث الحضاري؛ ثمّ الأمن والبيت والأهل والأصدقاء، وأخيراً

وليس آخراً فقدان الذاكرة العامّة والخاصّة». فالفقدان الأكبر بعبارتها وهو رحيل رافع الناصري الحبيب والصديق والزوج. ولذلك حقّ لها أن تتساءل «أأنا الغائبة في حضوره الطاغي أم هو الحاضر في غيابي؟ هل رحيله غياب؟ وهل بقائي حضور؟».

تقول ميّ في قصيدة «غياب»:

«عندما استيقظتَ فجراً لتغيبْ/ كنتَ مندسّاً بصدري/ ويدِي بين يديك/ كنتَ من فرط ذهولي/ حارساً أعمى تقصّى/ صَقَراً أغمضَ عينيكَ وحلّقْ».

وهي صورة الموت الذي فتن البشر ولا يزال، أو كما يقول أنريه مالرو إنّ الإنسان وُلد يوم همس للمرّة الأولى أمام جثّة: لماذا؟

أو في «حلم»: «أحياءُ بغدادَ انطوتْ/ لم يبقَ غير حديقةٍ مهجورةٍ/ وصحيفتيْن بلا حروفٍ».

يمكن القول إنّ هذا الكتاب سيرة ذاتيّة أو اعترافات، ونظرة ميتافيزيقيّة نافذة وخلاصة تجربة وتأمّل، لكن بلغة الشعر ونبضات القلب؛ حتى عندما تحبس في نفسها مشاعر وأهواء.

خطاب الهايكو: الجزائري معاشو قرور وشجرة القيقب[76]:

في شعريّة «الهايكو» تتحوّل اللّغة من أداة معرفة إلى موضوع معرفة، وتتمثّل الصّورة ذاتها بذاتها، حيث لا موضوع للشّعر إلّا

الشّعر نفسه. ومع ذلك يظلّ بالإمكان تصنيف «الهايكو» العربي، من منظور التعبيرين: الاستعاري والكنائي.

وفي هذا الأفق تتنزّل تجربة الجزائري معاشو قرور، وهو يجعل الأشياء المألوفة كما لو أنّها غير مألوفة. وأعني في السياق الذي أنا به شجرة القيقب أو شجرة الزينة التي تملأ شوارع المدن الحديثة وحدائقها، فقد جعل منها معاشو، وهي المستجلبة إلى الجزائر زمن الاستعمار، شجرة ظلّ وارفة في جلّ كتابه «هايكو القيقب»، وأيقظ جمالها النائم وأوراقها الملوّنة؛ بل هو خلق لها وجوداً في الصميم من وجودها، وأزاح عنها قناع الزمن أو الحياة القاتم. فهذه الشجرة البهيّة تخلب لبّ كثير منّا، وقد نقف هنيهة نتأملها؛ ثمّ نمضي في سبيلنا غير آبهين؛ ولكنّ الشاعر وحده يعرف أنّ الأشياء توجد ما أن تدرك.

في كتاب القيقب يحاول معاشو كتابة هايكو القيقب «التواجديّ» الكائن مع غيره، المشارك له لا في الطبيعة فحسب؛ وإنّما في الجوهر أيضاً.

يقول معاشو بلغته الغريبة إنّ القصيدة لا تصوّر القيقب أو تشهد له فحسب؛ وإنّما تتوق إلى أن تكون الشجرة نفسها، تلك التي تستدعيها أو تستلهمها. وكأنّ من وظائف الشعر أن يعيد إلينا وعينا بالأشياء وعياً كلّياً. أهو عصر ما قبل اللغة، حيث كانت علاماتنا أشياء كما يقول أهل الفلسفة؟ بالرغم من أنّ المسافة بين العلامة والشّيء قد تمّ قطعها.

الصورة عند معاشو ثلاثيّة وكأنها وحدة الجوهر بأقانيمه الثلاثة: «جذور القيقب/ دامعاً أنفخ نارها/ قفاها ينفث دخاناً»، فهذه كلمات

يرتبط بعضها ببعض ارتباطاً منطقيّاً، وكلّ منها يتضمّن الأخرى: الجذور والنار والدخان، وكلّ منها يتّخذ مكانه بالتعاقب الثلاثي زمنياً. والشاعر وفيّ لبنية الهايكو هذه في كتابه كلّه، ولتداخل سلاسلها، وهو يرصد بذكاء لا يخفى القيقب وتفاصيل الحالة؛ ويستحضر الأزمنة الثلاثة: الماضي والحاضر أو المستقبل معاً في ما يمكن أن نسمّيه حضور الحاضر، وكأنّه يجلس في خلفيّة المشهد حيناً، أو في صدارته حيناً؛ كما في هذا النصّ، حيث القيقب وهو يُزبر صورة من القلفة وهي تقطع تهيئة لانفصام الطفل، ووسم ذكورته: «عباءة الختان/ يوم تزبر شجرة القيقب/ أتذكّر المقصّ» أو «من نافذة القطار/ على وجهه ظلال القيقب/ مراقب التذاكر» أو «برفرفة ظلّها/ فاقع الحمرة جلد حذائي/ ورقة قبقب حمراء» أو «ما من عود أبديّ/ إلى غصن القيقب/ يا خشبة المعول» أو «لاهثاً في إثرها/ أهشّ عنها أوراق القيقب/ تذكرة سفر كنديّة» أو «جوربي الوحيد/ على ورق القيقب/ تقطر قطعة من جليد» أو «حافية الأقدام/ شجرة القيقب تذرعها/ أمّ أربعة وأربعين» أو «نافخ البوق/ تتداعى إليه حشود القيقب/ جنديّ من بازلت»... وفي هذه النصوص وغيرها بما فيه صورة حجر التيمّم وهو يبسط ظلّه بالوصيد، وخوذ الجنود وهي تتهيّأ لإعدام الظلال في غابة القيقب المحروقة، وورق القيقب الذي تدوسه نعال المصلّين في العيد؛ مقايسة تجري الصّورة بمقتضاها حتّى تكون مساوية للمعنى، أو يكون مقدارها من مقداره. على أنّ معاشو يتعدّى بالصورة إلى طرفها الأقصى، وكأنّها لحظة انطلاق السهم؛ ولكن من غير أن يخطئ رميّته أو هدفه، حتى وإن أوهمنا بأنّه يأتي بغير الممكن. بل هو يضع قارئه في هيئة انعطاف على الحقيقة التي نغفل

عنها عادة. وهذه صور تتمثّل شيئاً حقيقيّاً: بذور الطماطم التي تنمو في العلبة، وأصداء التراتيل التي يقطعها صياح الديكة، وابن آوى الذي يتجوّل بين الأضرحة عند خلوّ المراعي، وأثر الفراشة على نوّار اللوز... والتّماثل فيها ليس إلّا علاقة مخفيّة في تلافيف الأشياء وثناياها ينبغي اكتشافها. وكأنّ الظاهر صدفة لا بدّ من كسرها؛ الأمر الذي ينهض به الشاعر، لأنّ الصّورة - مهما يغرب فيها الشاعر - إنّما تقول بتشبيهاتها نظاماً مرتّباً في الهايكو. على أنّ غرابتها لا تعني امتثالها لشروط التمثّل المفروضة من خارج، أي التمثّل المنشدّ إلى تصوّر دينيّ عن عالم أوّل مشحون بمعنى ثابت، أو لنظرة «ذريّة أنطولوجيّة» إلى اللغة، حيث الكلمات المفردة تتمثّل الأشياء في الواقع؛ وكأنّ الأشياء مخلوقات تخلقها الألفاظ، أو أنّ اللّغة ليست سوى مجموع الألفاظ التي اشتقّها النّاس من الأشياء التي حولهم؛ وإنّما الإخبار غير المألوف. والدّلالة لا يمكن أن تدرك إلّا استئناساً بنظرة إلى لغة معاشو قرور، حيث يتمثّل تعليق الألفاظ بعضها ببعض عمليّة ذهنيّة؛ ويجسّم نوايا المتكلّم وأفعال كيانه الدّاخلي. وربّما وهمنا بسبب من ذلك، أنّ اللّغة لديه تعيد إنتاج الأشياء أو هي ظلّ الأشياء ذاتها، أو أنّ وظيفتها تكاد تنحصر في استعادة الإحساس بالأشياء. وربّما عزّزت هذا الوهم ظاهرة مطّردة في الكتاب هي اعتماده اعتماداً يكاد يكون كلّيّاً على الاسميّة في تركيب الصورة، وعلى الأسماء في خواتيم النصوص. وقد تتبّعناها كلمة كلمة، فوجدنا أكثرها يختم بأسماء، وقلّما تخلّلتها أفعال في هذه الخواتيم؛ بل إنّ قسماً منها لا يستهان به يخلو من الأفعال خلوّاً تامّاً. واطّراد الأسماء في الخواتيم نبر قويّ على «ذروة المعنى». ومن شأن الاسم أن يعزّز

هذا النبر كلّما وقع على كلمة بأكملها. وقد لا أجد من أقرنه به سوى اللبناني شوقي أبي شقرا، بالرغم من أنّه ليس شاعر هايكو إلّا في ما قلّ وندر[77]. فمعاشو مثله يصبو إلى خلق واقع لغويّ خالص تؤدّيه الكتابة. بيد أنّ من دواعي الإنصاف أن نشير إلى أنّ غرابته هي من غرابة التركيب وفي ما عدا ذلك فلغته مأنوسة. والمأنوس يجعل الأشياء الطبيعيّة بل الطبيعة الإنسانيّة نفسها، غاية في الغموض. والأنس يذهب بالأشياء أو هو لا يجلوها في كونها الخاصّ، وما نتلقّاه من العالم وأشيائه ينقلب، بحكم العادة والألفة إلى نماذج تحتذى ورواسم لا نصغي لها وربّما كان «تحويل المعنى» شرطاً لا غنى عنه في إنشاء الاستعارة الهايكويّة، حيث يجلس الشاعر القرفصاء في انتظار أن تنضج ثمار البلّوط.

خاتمة:

آفاق بنية الخطاب الشعري مستقبلاً

نقدّر أنّ أظهر ما نخلص إليه من هذا البحث الذي اضطرّنا حجمه إلى «اختزال» بعض عناصره وشواهده، جملة أمور نسوقها في ما يأتي: أوّلها أنّ بنية الخطاب الشعري في الشعريّة العربيّة المعاصرة تزاوج بين التعبيرين الكنائي والاستعاري شكلاً وصورة ودلالة، محكومة بطرفين يتفاوتان من شاعر إلى آخر هما: «الأبولونيّة» بكلّ سماتها من تناسب وتوازن وتناغم [الكنائي]، و«الديونيزوسيّة» بكلّ سماتها من مصادفة وعشوائيّة وغرابة [الاستعاري]، أو بناء لغويّ خاصّ يقوّض ما نسمّيه «المعنى المنطقي» الذي يديره القارئ على قاعدة الفهم. وقد تكون اللغة غريبة كما في تجربة محمد عفيفي مطر. وقد تكون مأنوسة تأخذ بالمعيش واليومي؛ ولكنها تستولد مع ذلك صوراً «سرياليّة» أو هي تذكّر بالسرياليّة؛ وفيها يتخيّل الشاعر الماضي دون أن يستعيده، وكأنّه الكائن الذي يكون حيث لا يكون.

وتنهض هذه الشعريّة بطرفيها الاستعاري والكنائي، بـ«طوبوغرافيّة متخيّلة» تصل بين أزمنة وأمكنة متحوّلة، وتكتنهُ الفضاء من حيث هو المكوّن الجمالي الأظهر بل الأقوى في «شعريّة الأثر»، وتؤسّس الكتابة من حيث هي تغريب لأوضاع طبيعيّة أو لأشياء مألوفة، بل تجعل الشيء الذي ليس له مضادّ، يكتسب بنية

مخصوصة في حقل الظواهر، ويتمدّد خارج عالمه الخاصّ؛ فيتحدّث إلينا، ونصغي له؛ ونتواصل معه.

شعريّة تقوّض الحدود والفواصل بين الأجناس الأدبيّة؛ حتّى لكأنّنا إزاء بنية تماهٍ بالمطابقة. وهناك اليوم مراجعات متتالية لمقولة «الجنس» أو «النوع الأدبي» و«الشعر»، ولم نعد نطمئنّ كثيراً لما استقرّ من تصنيفات اقتضتها دوافع هي في أحيان كثيرة إيديولوجيّة، وأحياناً تبسيطيّة. وقد لا تكون هناك حدود جليّة أو قطعيّة.

وقد تكون هذه الشعريّة «هجينة» في بعض تجارب هؤلاء، وغيرهم ممّن لم يتّسع لهم متن البحث مثل مظفّر النوّاب؛ والتّهجين ضرورة حداثيّة في الكتابة، وصحيح أنّ التّراشح بين الخطابات والأجناس يوفّر دفقاً تجديديّاً للكتابة الإبداعيّة نفسها؛ إلّا أنّ ذلك لا يعني، بالمقابل، انتفاء تخوم الأجناس وإنّما يعني «رسمها» على نحو رخْوٍ مرنٍ هو في الواقع، أمارة قوّة نصوصه. والكتابة الشعريّة «مختبر» مُشرع على موارد شتّى، وتجسيد لأجناس مختلفة وتشبيك بين نصوص متباينة الأزمنة والأنساب تتعالق في ما بينها على نحْو ملتبس؛ فهي متماهية من حيث هي، في الوقت نفسه، متجاورة؛ من حيث هي، في الوقت ذاته أيضاً، متحَاورة.

وثاني ما نخلص إليه هذا الحضور الطاغي للذات الذي ينقل الخطاب الشعري إلى أفق «سيرذاتيّ مرجعيّ»، يختلق بواسطته الكاتب لنفسه شخصيّة ووجوداً ويظلّ محافظاً في الوقت نفسه على هويّته الحقيقيّة اسمه المشتقّ أو الواقعيّ كما في «كائنات فاضل العزاوي الجميلة» أو حتّى في «آخر الملائكة»؛ مقيماً مع القارئ

ميثاقاً قرائيّاً مزدوجاً: أنا المؤلّف الشاعر الكاتب أروي لكم حكاية، أنا بطلها؛ غير أنّ أحداثها لم تقع لي البتّة.

وهو يتقصّد أن يكون نصّه مشطوراً بين ذاكرة متاهة أو هي فوضى، ورغبة في النظام تخفي رغبة في حصول معنى أو دلالة: ابن كركوك أم ابن المهجر؟ فأيّ خيط ينتظم هذه المتاهة المعقودة على الانفعال أو الوجدان على قدر انعقادها على الإدراك، حيث المتلفّظ يتجلّى تدريجيّاً بشكل لولبيّ، وينجرف في تيّار الكلام ودوّاماته، ويتخبّط في خيوطه؟

لنقل إنّها محكومة بخطاب كنائّي/ استعاريّ مداره على الجمع بين شكلين متناقضين أو متدافعين بداهة: سرد مبنيّ مثل السيرة الذاتيّة على ذاتيّة الكاتب والسارد (أي الشخصيّة) والإيهام بالواقع، أو بعلاقة ما بين الفنّ والحياة؛ كما هو الشأن في العمل الروائي السيري، حيث المؤلّف يقصّ حياته بأساليب الرواية، وباستعمال أسماء محرّفة أحياناً، أو استخدام ضمير الغيبة أو أسلوب الالتفات من عدول من التكلّم إلى الغيبة أو الخطاب أو العكس. وفيها يلتبس «أنا» السارد بـ«أنا» الشخصيّة بـ«أنا الكاتب»، وهو ينسى ما يريد أن ينسى، ويتذكّر ما يريد أن يتذكّر. فلا ارتجال ولا بداهة ولا إرسال على سجيّة في هذا النصّ القويّ – وهذا نعت أفضل في تقديري من «جميل» – وإنّما «كتابة» محكومة بضوابط العقل والحدْس معاً، وإعادة تسمية الأشياء، «تعميدها» تعميداً لغويّاً ثانياً؛ تقطع دابر الكلمة، أو تخلّص الأشياء من أسْر الاسم، لتشرعه على الخيال والواقع معاً، حيث وجه ذا قفا ذاك، وقفا ذاك وجهه. وليس بالمستغرب عنده، أن تتراسل الأشياء

والموضوعات على نحو غير مألوف، وأن يحفّها الإلغاز والغرابة في كلّ مسالكها، ولكن دون أن يسوق ذلك إلى القول بأنّ تراسلها ثمرة مصادفة أو اعتباطيّة. إنّما هناك تنافر منطقيّ قاعدته إضاءة تماثلات قائمة في نظام النصّ نفسه، مثلما هي قائمة في نظام «الجنس» الذي ينضوي إليه؛ إذا كان لا بدّ من التصنيف. والصورة ترتبط بتمثيليّة اللّغة ومدى قدرتها على تمثّل جملة من الأفكار والمفاهيم أو المعاني والدلالات. وتاريخ الصّورة ومفاهيمها، إنّما يعلّمنا، قبل كلّ شيء أنّ خبرة الشاعر عن العالم هي مثل خبرة أيّ منّا، غير مباشرة، فما بين الشيء والذّات المتعالقين، تنهض اللغة بصفتها موجّهاً للدّلالة.

وثالث ما نخلص إليه أنّ بنية الخطاب الشعري عند أدونيس ومحمود درويش منذ «كزهر اللوز أو أبعد»؛ مشرعة على النّثر لا لتقوله نثراً وإنّما لتقوله شعراً؛ وإن كانت تقوله في الوقت نفسه نثراً لكنّها لا تقوله كذلك؛ وهو في موضعه المألوف؛ وإنّما في غير موضعه كما الأشياء في غير سياقها المألوف. لكن كيف يفلح هؤلاء أرض الشّعر بالنّثر؟ وقصيدتهم (قصيدة تفعيلة)[78] والتّفعيلة من جهة القياس أداتهم المألوفة؛ لكنّها تفعيلة في «منظوريّة» جديدة باصطلاح فلاسفة الفينومينولوجيا، إذ يتلفّتون بها ناحية النّثر فيطعّمون قصائدهم بسرديّة خاطفة أو مطوّلة وبمفردات اليوميّ والمعيش، ويخلّصونها من الإسراف في التّنغيم دون أن يمنعها ذلك من أن تكون نصّاً شعريّاً إنشاديّاً.

ما يعنينا في هذا السياق، أنّ شعراء قصيدة النثر عندنا؛ لا يتصوّرونها إلّا خارج الأوزان المعروفة، وأنّ أكثر شعراء الموزون

لا يتصوّرون الشعر خارج الوزن. وهذا على ما نرجّح فهم قاصر، قد ينمّ على أنّنا لا نتقبّل أنّ الأشكال الفنّيّة أو الأجناس الأدبيّة، يمكن أن تموت هي أيضاً، وأن تنتسخ، وتتحوّل وتُبعث في هيئات جديدة. وفي تراثنا، يمكن من منظور كتابيّ، أن نعدّ القرآن «مؤسّسة كتابيّة» فصلت بين الشعر (القصيدة) والقرآن، وليس بين الشعر والنثر.

هذا وغيره يعزّز من وجاهة القول بأنّه لا وجود لشعر صافٍ، ينشد صاحبه لغة كليّة جديدة مدارها على علاقة حميمة بين الصوت والمعنى؛ حيث الإيقاع يحرّر الكلمة من سطوة الكلام العادي، ويكشف عن وهن اللغة أو قُصورها. والشعر ليس إلهاماً كما يزعم الرومانطيقيّون، وإنّما هو حاصل مِراس ودربة؛ بل هو صنعة بالمعنى العميق للكلمة. والإلهام «ربّة شعر مهذار»، والشعر ليس لعبة مصادفات لغويّة. إنّما الشاعر مفكّر له لغته الشعريّة الخاصّة، وقد تكون عادية في جانب منها؛ ولكنّها ليست لغة التواصل العادي، إذ هي تنشأ في تلك المسافة الخاوية التي تتركها خفقة جناح الطائر. وصحيح أنّ بعضهم مثل سليم بركات أو سركون بولص وغيرهما، تخلّى عن الوزن وانصرف إلى «الشعر الحرّ»؛ ولكنّه ظلّ كمن يحلم بكتابة ما هو صامت في اللغة أو ما هو زئبقي، وكأنّ همّه أن يمسك بالشذى لا بالوردة، أو بـ«إيقاع الفكرة» وهو المعنى اليوناني للموسيقى. ونقدّر أنّ محمود درويش في قصيدته «لاعب النرد»[79] كان يلعب لعبة قصيدة النثر، ولكن داخل الوزن. وهذه القصيدة إنّما مدارها على الإيقاع الذي يملأ كلّ المكان الفلسطيني سواء في الحياة اليوميّة أو من حيث هو خبرة أو تجربة، بل في الخطاب العالِم من

حيث هو مرجع مثل المقطع العجيب الذي يستحضر فيه محمود حالته المرضيّة الوراثيّة، ثمّ يفرّعها إلى استعارات غير مألوفة:

«وانتميتُ إلى عائلةْ

مصادفَةً،

ووَرِثْتُ ملامحها والصفاتْ

وأمراضها :

أولاً – خَلَلاً في شرايينها

وضغطَ دمٍ مرتفعْ

ثانياً – خجلاً في مخاطبة الأمِّ والأبِ

والجدَّة – الشجرةْ

ثالثاً – أملاً في الشفاء من الإنفلونزا

بفنجان بابونجٍ ساخنٍ

رابعاً – كسلاً في الحديث عن الظبي والقُبَّرة

خامساً – مللاً في ليالي الشتاءْ

سادساً – فشلاً فادحاً في الغناءْ».

إنّ ما نسمّيه (قصيدة النّثر) يمكن أن تكتب داخل الوزن، كما نجد عند درويش في مجاميعه الأخيرة حيث تتخفّف (الشّعريّة)

من شعريّتها أو ما زاد منها على الحاجة أو من فضل القول بعبارة أسلافنا؛ أو من أجل «جماليّة أقلّ» بعبارة محمود نفسه، في حوار مع مجلّة «الشعراء» الفلسطينيّة.

هكذا تقيم لغة في اللّغة أو هكذا يقيم الشعر في النثر، والنثر في الشعر. ولم يكن بالمستغرب أن يتمثّل درويش بعبارة أبي حيّان التوحيدي في «الإمتاع والمؤانسة»: «أحسنُ الكلام ما قامت صورتُهُ بين نظْم كأنه نثر، ونثر كأنه نظْم».

الهوامش:

1 – Magazine littéraire 368, septembre 1998

2 – حاتم الصكر، رفائيل بطّي وريادة النقد الشعري في العراق – مقدّمة ومختارات – منشورات الجمل 1995 / مجلة العالم الأدبي – العدد6 / أغسطس 1930.

– طراد الكبيسي، محاولات التجديد في الشعر العربي المعاصر: الشعر المرسل، الشعر الحرّ، الشعر المنثور، قصيدة النثر، دار الشؤون الثقافيّة العامّة، بغداد 1989.

3 – Haïku ou Haîko

Béatrice Corti - Dalphin, Thé dans les nuages en 2017 et Lunes du troisième mois en 2018

- Paul Éluard signe onze haï - kaïs sous le titre collectif Pour vivre ici, onze haï - kaïs 1920

Voir, Encyclopédie Larousse

4 – ابن سلّام الجمحي، طبقات فحول الشّعراء، ت. محمود محمّد شاكر، القاهرة 1952.

5 – عبد الواحد لؤلؤة، النفخ في الرماد بغداد، دار الرشيد للنشر1982: الفصول الأولى.

6 – س. موريه، الشعر العربي الحديث 1970/1800 تطور أشكاله وموضوعاته بتأثير الأدب الغربي، ترجمة د.شفيع السيّد ود. سعد مصلوح دار الفكر العربي، القاهرة، ص 449 و450.

7 – أشار مترجمو «نظريّة النّصّ» (منجي الشّملي وعبدالله صولة ومحمّد القاضي) في تعقيبهم على كلمة «نسيج» في قول بارط إلى «أنّ النّصّ مرتبط

من حيث تكوينه بالكتابة (إذ هو المكتوب) ولعلّ ذلك ناتج عن أنّ أشكال الحروف نفسها، وإن ظلّت خطّية، إنّما توحي بزرد النّسج أكثر ممّا توحي بالكلام (فكلمة «نصّ» تعني من حيث أصلها «النّسيج»)؛ إلى أنّ «الأمر يصحّ بالنّسبة إلى اللّغة الفرنسيّة»، حوليّات الجامعة التونسيّة العدد27 ص 69 – 70 هـ2. وهي إشارة فيها وجه من الصّواب، إذا اقتصرنا على كلمة «نصّ» في العربيّة، وإن كان في بعض اشتقاقاتها، ما يومئ إلى «علاقة» ما بينها وبين النّسيج أو يوهم بها (المنصّة – بالفتح -: الحجلة من نصّ المتاع أي الموضع الذي يزيّن بالثّياب والسّتور للعروس، والمنصّة بالكسر – ج مناصّ: الثّياب المرقّعة والفروش الموطّأة). أمّا إذا استأنسنا بمباحث النّصوص أو ما يسمّى الألفاظ في علم أصول الفقه، وبالمدوّنة النّقديّة فإنّ النّصّ يعني المكتوب مثلما يعني النّسج أيضاً. انظر للتّوسّع:

Geneviève Calame – Griaule, Ethnologie et langage , la parole chez les dogon,,Lambert – Lucas 2009, pp 513 – 517

8 – «ولا تكونوا كالتي نقضت غزلها من بعد قوّة أنكاثا» النّحل /92.

9 – والتر يونغ، الشّفاهيّة والكتابيّة، ترجمة حسن البنا عز الدين سلسلة عالم المعرفة، العدد 182 ص 90.

10 – حازم القرطاجنّي، منهاج البلغاء وسراج الأدباء، ط.2 دار الغرب الإسلامي 1981 ص 249 وما بعدها.

11 7 انظر اللّسان (قفو) وف.كرنكوف، استعمال الكتابة لحفظ الشّعر العربيّ القديم، ص 300 و303 حيث يقرّر أنّ «نظم القصائد وفنّ الكتابة قد ارتبطا بوضوح... وبالإضافة إلى ذلك، فإنّ قوافي معظم القصائد العربيّة أوضح للعين منها للأذن» ضمن، عبد الرحمن بدوي، دراسات المستشرقين حول صحّة الشعر الجاهلي، دار العلم للملايين ط1/ 1979.

12 – انظر للتوسّع:

– الأربلي أبو الحسن علي بن عثمان كتاب القوافي، ت. عبد المحسن فرّاج القحطاني، الشّركة العربيّة للنّشر والتّوزيع، ط.1997/1.

– عزّام (عبد الوهّاب)، أوزان الشّعر وقوافيه في العربيّة والفارسيّة والتّركيّة، مجلّة كلّية الآداب، جامعة فؤاد الأوّل سابقاً المجلّد الأوّل الجزء الثّاني 1933.

– محمّد عوني عبد الرؤوف، بدايات الشعر العربي بين الكمّ والكيف، ص 215 وما بعدها.

– (بكّار) يوسف حسين، في العروض والقافية، دار الفكر للنّشر والتّوزيع، عمّان 1984.

13 – إنّ محاولات التحرّر من سلطان القافية قديمة جدّاً في تراث العرب، بل إنّ «القصيدة المدوّرة» التي يرى عبد الواحد لؤلؤة أنّ مبتدعها هو المغربي محمّد بنّيس في نصّه «باب المراثي»، وليس العراقي حسب الشيخ جعفر؛ تعود إلى القرن الثالث للهجرة، وربّما قبله. ولكنّها محاولات لم يحالفها التوفيق. ساق أبو الحسن العروضي (ت342هـ) في «الجامع في العروض والقوافي» أمثلة من هذا «التدوير»، وهي «قصائد» موصولة الوزن تشبه في موسيقاها ما سمّي حديثاً بـ«القصيدة المدوّرة» كما عقّب محقّقا الكتاب، زهير غازي زاهر وهلال ناجي. ومنها هذا النصّ وهو على الطويل: «صحا قلبُه من حبّ ليلى وملَّ منْ/ صدودِ التي دامت على الهجرِ ثمّ لمْ/ ذا صباباتٍ طويلاً شقاوُهُ/ من الوصلِ ما يُشفى به قلب عاشقٍ/ حماهُ الكرى وجدٌ دخيلٌ قد انطوتْ/ عليه ضلوعُ المستهامِ فصبرهُ/ قليلٌ وطولُ الصبر يُضني فؤادهُ/ فأحشاؤه من لوعةِ الحبّ ما لها/ هدوءٌ ولا تزدادُ إلاّ تحرّقا/ فمن ليس يدري ما يعانيه من بهِ/ سقامٌ أذاب الجسمَ حتى كأنّه/ خيالٌ يرى في الوهمِ ما ليس يُدركُ...».

– النفخ في الرماد، سبق ذكره.

– أبو الحسن العروضي، الجامع في العروض والقوافي. ت. زهير غازي وهلال ناجي دار الجيل – بيروت الطبعة الأولى 1416هـ – 1996م.

والسؤال: لِمَ يحتفظ شعراء التفعيلة إذن بالقافية؟ ألا يرجع ذلك إلى الإيقاع نفسه من حيث هو ميتافيزيقيّ أيضاً؟ يقول المستشرق هاملتون جب، دراسات في الحضارة الإسلاميّة، ترجمة إحسان عبّاس ومحمّد يوسف نجم ومحمود زايد، دار العلم للملايين للنشر، بيروت 1979 القسم الثاني: إنّ الكنيسة المسيحيّة لجأت إلى الموسيقى لتعلي من التوتّر الشعوري في الصلوات، وإنّ الإسلام كذلك طوّر فنّ القراءة المرتّلة للقرآن كي يشحذ من قدرته على اجتذاب الخيال والشعور. ورأينا أنّ القافية ذات وظيفة كتابيّة أيضاً، استئناساً بنظريّة جاك غودي في أنّ الكتابة يمكن أن تنشأ خارج الأمّيّة بالخط، لأنّها بنية وليست خطّاً أو حروفاً. انظر مصنّفيه:

14 – Jack Goody,Entre l oralité et l écriture ,Presses universitaires de France1993

– La raison graphique,Minuit 1979

15 – Meschonnic, Critique du rythme , ed. Verdier 1982, p. 193

16 – G. Dessons Introduction à l'analyse du poème, Nathan Université 2000;, p. 4 et p. 30

17 – Paul Claudel, in Introduction à l'analyse du poème ,op. cit., p. 4

18 – المنهاج ص 250، سبق ذكره.

19 – Aesthesis

20 – Ratio

21 – مقدّمة ديوان الشّعر العربي، ط.المكتبة العصريّة 1964، ج2/11-12.

22 – Voir, Jean François Courtine, Extase de la raison, Galilée 1990 – chap. Holderlin.

23 – G. Dessons, op. cit., p30

24 – Ibidem

25 – Profane يترجمها كثيرون بـ«مدنّس» والأصوب «دنيوي».

26 – Abdallah LAROUI, Islamisme, modernisme, libéralisme›› Centre Culturel Arabe, Casablanca, Maroc, 1997.

27 – Négativisme, Négativité Voir, Autonomie et négativité de l'art

– L'actualité de l'esthétique d'Adorno et les points aveugles de sa philosophie de la musique

– Albrecht Wellmer, Avant – propos par Olivier Voirol

– Dans Réseaux 20112/ (n° 166), pages 29 à 70

28 – كارلوس يوسينيو، اللاعقلانيّة الشعريّة، ت. علي إبراهيم منوفي، المشروع القومي للترجمة، العدد 933، المجلس الأعلى للثقافة، مصر 2005، ص 13.

29 – انظـر للتوسّـع/ أحمد الجـوّة، الإيديولوجيا في الشـعر العربـي المعاصر، سيفاكس للنشر والتوزيع، ط.1/ 2017.

30 – انظر المجاميع الشعرية المعتمدة في البحث.

31 – نقلاً عن:

Maurice Merleau Ponty, Signes, Gallimard 1960 pp. 32 – 33

32 – André Jolles ,Formes simples,Collection Poétique – Seuil 1972,p,16

33 – من هذه السمات ظاهرة التصرّف الإعرابي والنزوع إلى الأصوات الصامتة والحفاظ الشديد على الوزن. فقد احتفظت العربيّة بالتصرّف الإعرابي، فيما فقدته جميع اللغات السامية، بشهادة العارفين بها من العلماء والمستشرقين.

والإعـراب لغة هو الإبانـة والإيضاح والإظهـار، واصطلاحاً هـو تغيّر أواخر الكلمات بحسـب العوامـل الداخلة عليها، أو الإبانة عـن المعاني بالألفاظ. والضمّ والفتح والكسـر والسكون حركات حسّـية في الأصل، ثم تحوّلت إلى مصطلحات نحويّـة. علـى أنّ مـن العلمـاء القدامى من تفرّد بـرأي في الإعـراب، وجيه هو قطرب محمد بن المسـتنير (ت 206 هـ) وهو يـرى أن الحركة الإعرابيّة لا تحدّد المعنى، وحجّته لذلك وهي سائغة مقبولة، أننا نجد في كلام العرب أسماء متّفقة في الإعراب، مختلفة في المعاني، وأسماء مختلفة في الإعراب، متّفقة في المعاني. فلِمَ الإعـراب إذن؟ وجوابه أن الحركات إنما هي لوصل الكلمات بعضها ببعض، من جهة، واعتدال الكلام من جهة أخرى. وهذه إشـارة ذكيّة منه، يمكن أن نسـتثمرها في فهم الإعراب من منظور الإيقاع أو الوزن، وهذا في تقديرنا من شعريّة اللغة.

34 – Pierre Nora, Les lieux de mémoire,ed Gallimard 1997

35 – تـدلال Signifiance وهو المعادل العربي للمصطلح الأجنبي (نحت أسـتاذنا الراحل توفيق بكّار) والترجمة الشائعة في الجزائر والمغرب «دلاليّة».

36 – J,Derrida ,De la grammatologie,Minuit,1967,pp 185 – 195

37 – سورة الشّعراء /221 ـ227.

38 – المنهاج ص 124.

39 – الآية «في كلّ واد يهيمون». وانظر «هام» واشـتقاقاتها (اللّسـان). وانظر رأي الجاحظ في أسـباب نشـوء فكرة شـياطين الشّـعر، فقد ردّ ذلك إلى الوحشة والانفـراد والبعد مـن الأنس، واعتبره مـن التّوهّم والخيالات الفاسـدة وانتقاص الأخلاق. الحيوان146/6 و225 و248.

40 – Objectivisme/ Subjectivisme

41 – P,V,Den Heuvel Parole Mot Silence, Librairie José Corti 1985,,p,95

42 – نفسه ص 211.

43 – رســم الفكــرة Idéogramme انظــر: Chrisin Anne, L'image écite ou la déraison graphiquenFlammarion 1995 p.103 et

charles S.Pierce ,Ecrits sur le signe ,p.139 et 150

44 – نفسه ص 115.

45 – نفسه ص 161.

46 – أدونيس، الكتاب أمس المكان الزمان ج1 بيروت دار الساقي ط1 1995.

47 – الكتاب ص 32.

48 – الكتاب ص 62.

49 – حسين الواد، تدور على غير أسمائها، دار الجنوب للنشر، تونس 1993 ص 124 – 126.

50 – الكتاب ص 310.

51 – نفسه ص 110.

52 – أدونيــس، الثابــت والمتحــوّل ج3 صدمة الحداثة بيــروت دار العودة 1979 ص291، وانظر محمّد الناصر العجيمي، بنية الحضور والغياب في شعر أدونيس، مكتبة علاء الدين تونس 2009 ص.105 وما بعدها.

53 – نفسه ص 163.

54 – Paradigme, Voir Michel Foucault, Les mots et les choses. Une archéologie des sciences humaines, Gallimard, coll. « Bibliothèque des sciences humaines », Paris, 1966, 405 p.

55 – Uchronie – هو مصطلح للفرنسي Charles Renouvier 1815/1903

56 – محمــود درويش: لا أريد لهذي القصيــدة أن تنتهي، بيروت: رياض الريس للكتب والنشر، ط 1، 2009.

57 – محمود درويش، كزهر اللوز أو أبعد، رياض الريس للكتب والنشر 2005.

58 – Laetitia Zecchini,Je suis le multiple Exil historique historique et métaphorique dans l'œuvre d'Edward Saïd,Tumultes 2010,pp 49 – 66

59 – F.Nietzche, le gai savoir ; construire une maison et cela contribue même à mon bonheur, de ne pas être propriétaire

60 – ولا نجـد فـي رصد هذه الحالة أو «فلسـطين الأخـرى»، أفضل من قصيدة «عنواني» للهنديّة أمريتا برايتام (نقلاً عن الفرنسـيّة): «اليوم أزلتُ رقم منزلي، واقتلعتُ الصفيحة المعدنيّة التي كانت تحمل اسـم شارعي، وكلّ صفائح الشوارع الأخرى/ لكن إذا كنت تصرّ على أن تجدني/ إذن في كلّ مكان حيث تَشرق نفس أبيّة/ اعلمْ أنّ ذاك هو منزلي».

D'un ciel à l'autre ;Une anyhologie de poésie indienne contemporaine, Gallimard 2007

61 – أبـداً لن تبطـلَ [تعطّل] الصدفةَ رميةُ نرد بترجمتنا Mallarmé;Un coup de dés jamais n'abolira le hazard وترجمة محمّد بنّيس: رمية نرد لا تبطل الزهر، دار توبقـال 2007. انظـر رأينا أعلاه في المتن، في مـا يخصّ كلمة «زهر» التي تعني الحظ في العاميّة المغاربيّة.

62 – Huizinga,Homo ludens,essai sur la fonction sociale du jeu,trd. Cécile Seresia,Galliçmard 1988

63 – حنجرة طريّة، دار الشؤون الثقافيّة العامّة بغداد 1993.

64 – أديـب صعب، حيث ينبع الكلام، الدار العربيّة للعلوم ناشـرون، طبعة أولى 2019.

65 عبـد القاهـر الجرجاني، دلائـل الإعجاز، ت. محمّد رضـوان الدّاية وفايز الدّاية، دار قتيبة 1983.

أسرار البلاغة، ت. هـ . ريتر دار المسيرة ، بيروت 1983.

66 – Henri Maldiney,L esthétique des rytmes,in Regard, Parole, Espace 1973 et 1993,Lausance France

67 – زكريّا محمد كشتبان، دار الناشر رام الله 2014.

68 – علي الدميني، خرز الوقت، الانتشار العربي، بيروت طبعة أولى 2016.

69 – قصيدة أبي نواس: نضت عنها القميص لصبّ ماء...

70 – ليانة بدر، أقمار، منشورات المتوسّط 2017.

71 – Daniel ARASSE ,histoires de peinture,Bibliothèque médiations 2004

72 – محمد عفيفي مطر، احتفاليّة المومياء المتوحّشة، دار الشروق، الأعمال الشعريّة 1998.

73 – خالد خليل حمّودي الأعظمي، الزّخارف الجداريّة في آثار بغداد، دار الرّشيد للنّشر 1980.

74 – أحمد دحبور مجموعة «هكذا»، دار الآداب بيروت، 1990.

75 – مي مظفّر، غياب، المؤسّسة العربيّة للدراسات والنشر 2014.

76 – معاشو قرور، هايكو القيقب، فضاءات للنشر والتوزيع 2017.

77 – فأيّ معنى يمكن أن يحوزه القارئ، من قصيدة شوقي أبي شقرا «الشمع» (من كتابه حيرتي تفّاحة جالسة على الطاولة) غير شمعيّة الشمع، ولونيّة اللون (الأحمر)؟ أو تبادل الأدوار بين الحيوانِ البشري والحيوان الحيواني؟

«رفعتُ إصبعي وارتفع رأسُ الحصان،

لن أرجع إلى الإسطبل.

عبرتُ الإناء

ذابَ الشّمع الأحمرُ،

ذابَ الغجر».

78 – من لطائف الشعريّة العربيّة الأقدم، ما نقف عليه من «شعر تفعيلة». ومثاله أرجوزة لعلي بن يحيى المنجّم أدارها على تفعيلة واحدة: طيفٌ أمْ/ بذي سلَمْ/ بعد العتمْ/ يطوي الأكمْ... انظر للتوسّع: محمد عوني عبد الرؤوف، بدايات الشعر العربي بين الكمّ والكيف، مكتبة الخانجي مصر 1976 ص.69 وما بعدها.

79 – لاعب النرد سبق ذكره.

قائمة المصادر والمراجع

– حاتم الصكر، رفائيل بطّي وريادة النقد الشعري في العراق – مقدّمة ومختارات
– منشورات الجمل 1995 / مجلة العالم الأدبي – العدد6 / أغسطس 1930.

– طراد الكبيسي، محاولات التجديد في الشعر العربي المعاصر: الشعر المرسل، الشعر الحرّ، الشعر المنثور، قصيدة النثر، دار الشؤون الثقافيّة العامّة، بغداد 1989.

– ابن سلّام الجمحي «طبقات فحول الشّعراء»، ت. محمود محمّد شاكر، القاهرة 1952.

– عبد الواحد لؤلؤة، النفخ في الرماد بغداد، دار الرشيد للنشر 1982: الفصول الأولى.

– س. موريه، الشعر العربي الحديث 1970/1800 تطور أشكاله وموضوعاته بتأثير الأدب الغربي، ترجمة د. شفيع السيّد ود. سعد مصلوح دار الفكر العربي، القاهرة.

– حوليّات الجامعة التونسيّة العدد27.

– والتر يونغ، الشّفاهيّة والكتابيّة، ترجمة حسن البنا عز الدين سلسلة عالم المعرفة، العدد 182.

– حازم القرطاجنّي، منهاج البلغاء وسراج الأدباء، ط.2 دار الغرب الإسلامي.

– عبد الرحمن بدوي، دراسات المستشرقين حول صحّة الشعر الجاهلي، دار العلم للملايين ط1/ 1979.

– الأربلي أبو الحسن علي بن عثمان كتاب القوافي، ت. عبد المحسن فرّاج القحطاني، الشّركة العربيّة للنّشر والتّوزيع، ط.1997/1.

- عزّام (عبد الوهّاب)، أوزان الشّعر وقوافيه في العربيّة والفارسيّة والتّركيّة، مجلّة كلّية الآداب، جامعة فؤاد الأوّل سابقاً المجلّد الأوّل الجزء الثّاني 1933.

- محمّد عوني عبد الرؤوف، بدايات الشعر العربي بين الكمّ والكيف.

- (بكّار) يوسف حسين، في العروض والقافية، دار الفكر للنّشر والتّوزيع، عمّان 1984.

- أبو الحسن العروضي، الجامع في العروض والقوافي. ت. زهير غازي وهلال ناجي دار الجيل - بيروت الطبعة الأولى 1416هـ - 1996م.

- مقدّمة ديوان الشّعر العربي، ط. المكتبة العصريّة 1964، ج2.

- كارلوس يوسينيو، اللاعقلانيّة الشعريّة، ت. علي إبراهيم منوفي، المشروع القومي للترجمة، العدد 933، المجلس الأعلى للثقافة، مصر 2005.

- أحمد الجوّة، الإيديولوجيا في الشعر العربي المعاصر، سيفاكس للنشر والتوزيع، ط.1/ 2017.

- أدونيس، الكتاب أمس المكان الزمان ج1 بيروت دار الساقي ط1 1995.

- حسين الواد، تدور على غير أسمائها، دار الجنوب للنشر، تونس 1993.

- أدونيس، الثابت والمتحوّل ج3 صدمة الحداثة بيروت دار العودة 1979، وانظر محمّد الناصر العجيمي، بنية الحضور والغياب في شعر أدونيس، مكتبة علاء الدين تونس 2009.

- محمود درويش: لا أريد لهذي القصيدة أن تنتهي، بيروت: رياض الريس للكتب والنشر، ط 1، 2009.

- محمود درويش، كزهر اللوز أو أبعد، رياض الريس للكتب والنشر 2005.

- محمد بنيس، رمية نرد، دار توبقال، 2007.

- حنجرة طريّة، دار الشؤون الثقافيّة العامّة، بغداد، 1993.

- أديب صعب، حيث ينبع الكلام، الدار العربيّة للعلوم ناشرون، طبعة أولى، 2019.

- عبد القاهر الجرجاني، دلائل الإعجاز، ت. محمّد رضوان الدّاية وفايز الدّاية، دار قتيبة، 1983.

- أسرار البلاغة، ت. هـ. ريتر دار المسيرة، بيروت، 1983.

- زكريّا محمد كشتبان، دار الناشر، رام الله، 2014.

- علي الدميني، خرز الوقت، الانتشار العربي، بيروت، طبعة أولى، 2016.

- محمـد عفيفـي مطـر، احتفاليّـة المومياء المتوحّشـة، دار الشـروق، الأعمال الشعريّة، 1998.

- خالد خليل حمّودي الأعظمي، الزّخارف الجداريّة في آثار بغداد، دار الرّشـيد للنّشر، 1980.

- أحمد دحبور مجموعة «هكذا»، دار الآداب بيروت، 1990.

- مي مظفّر، غياب، المؤسّسة العربيّة للدراسات والنشر، 2014.

- معاشو قرور، هايكو القيقب، فضاءات للنشر والتوزيع، 2017

– Magazine littéraire 368, septembre 1998

– Béatrice Corti – Dalphin, Thé dans les nuages en 2017 et Lunes du troisième mois en 2018.

– Paul Éluard signe onze haï – kaïs sous le titre collectif Pour vivre ici, onze haï – kaïs 1920.

– Geneviève Calame – Griaule, Ethnologie et langage , la parole chez les dogon,,Lambert – Lucas 2009.

– Jack Goody,Entre l oralité et l écriture ,Presses universitaires de France,1993.

– La raison graphique,Minuit 1979

– Meschonnic,Critique du rythme , ed.Verdier 1982.

– G.Dessons Introduction à l'analyse du poème,Nathan Université 2000.

– Paul Claudel, in Introduction à l'analyse du poème ,op.cit.

– Abdallah LAROUI, Islamisme, modernisme, libéralisme, Centre Culturel Arabe, Casablanca, Maroc, 1997.

– L'actualité de l'esthétique d'Adorno et les points aveugles de sa philosophie de la musique

– Albrecht Wellmer, Avant – propos par Olivier Voirol.

– Maurice Merleau Ponty, Signes,Gallimard 1960.

– André Jolles ,Formes simples,Collection Poétique – Seuil 1972.

– Pierre Nora, Les lieux de mémoire,ed Gallimard 1997.

– J.Derrida ,De la grammatologie,Minuit,1967.

– Laetitia Zecchini,Je suis le multiple Exil historique historique et métaphorique dans l'œuvre d'Edward Saîd,Tumultes 2010.

– F.Nietzche, le gai savoir ; construire une maison et cela contribue même à mon bonheur, de ne pas être propriétaire.

– D'un ciel à l'autre ;Une anyhologie de poésie indienne contemporaine, Gallimard 2007.

– Huizinga,Homo ludens,essai sur la fonction sociale du jeu,trd.Cécile Seresia,Galliçmard 1988.

– Henri Maldiney,L(esthétique des rytmes,in Regard, Parole, Espace 1973 et 1993,Lausance France.

– Daniel ARASSE ,histoires de peinture,Bibliothèque médiations 2004.

الفهرس